儲かる仕組みを創りだす

イノベーションマトリックス活用法

折原　浩　著

はじめに

二〇二〇年、中国武漢で発生した新型コロナウイルスの脅威が世界中を駆け巡り、私たちの生活環境や経営環境だけでなく、価値観やライフスタイルなど、あらゆる状況が一変しました。この大きな変化は、これからも続いていくことでしょう。

中小企業や農業法人は、もともと苦しい経営を強いられてきました。インターネットの普及や大型店の台頭により商店街は目に見えて衰退しています。製造業も工業団地の空きが目立つほか、下請け企業や個人事業主がどんどん廃業しているため製造業の強みである下請け構造が崩壊寸前です。建設業も、下請けの職人が少なくなってきているので、思ったように売上げを上げることができなくなってきています。製造業や建設業に元気がないと飲食店やクリーニングなどの生活関連業種も潤いません。

また、農林漁業などの一次産業は、高齢化が進み消費量も増えず、売上げも上がっていません。地域経済は負のスパイラルに陥ってしまっています。

そこに今回のコロナショックが大きなトリガー（引き金）となって、その傾向に拍車がかかってしまいました。もはや、地道に努力しているだけでは生き残れない時代に突入してしまったのです。このまま何もせず手をこまねいていたら、多くの中小企業が成り立っていかなくなり、地方経済や業界が崩壊してしまいます。

日頃、あまり意識していないかもしれませんが、私たちはそれぞれ「ビジネスモデル」を持っています。たとえば、八百屋であれば「朝起き、市場に行って仕入れ、下処理をして店頭に並べ、お客を呼び、販売し、店を閉め売上をまとめる」といった流れから、「仕入は前日の売上高の半分くらいにする」とか「月末は税理士とともに売上や経費をまとめる」といった商売のコツのようなものまで、独自の「型」があります。これがビジネスモデルです。ビジネスモデルがあることで、ある程度、安定して結果を残すことができます。

ビジネスモデルは、一生懸命学び、場合によっては何世代もかけて培ったノウハウを引き継ぎ作り上げてきたものです。まさにビジネスモデルは貴重な財産ですが、今回のような急速かつ巨大な環境の変化には対応できません。このまま、やみくもに続けたとしても、ベクトルが変わってしまっているので、思うように成果が出ないどころか、やればやるほど悪化していくことも考えられます。

今、私たちがなすべきことは「新たなビジネスモデルを創り出すこと」です。そのためには、現在のビジネスモデルを見直したうえで、課題を抽出し、その課題を解決するアイデアを発想することが必要です。

すべての起点は新たなアイデアです。心配することはありません。ほとんどの中小企業はすでに課題解決の糸口や新たなアイデアを潜在的に持っています。

私は、中小企業向けの経営講演会を年間百日以上行っています。講演会の前後には、なるべく一社一時間程度の個別相談を設けるようにしているので、それ以外のコンサルティングも含めると、年間千件以上のコンサルティングをしている計算になります。

相談内容は千差万別です。悩んでいる課題について、整理しながら質問をしていくと、ほとんどの相談者は、課題解決の糸口や場合によっては答えそのものをすでに持っています。

それを言葉にすると、「さすが先生は、なんでもおわかりなのですね」などと言ってもらえますが、本当に恐縮な話です。だってそれは、今、あなたが言っていたことなのだから。つまり、自分が持っている答えに気づいていないだけなのです。

また、アイデアの素である情報は、掃いて捨てるほど転がっています。

必要な情報を入手するコストも、インターネットの恩恵で大きくさがりました。ここからアイデアを得るには、焦点を「何について見たり、考えたりすればいいのか」ということに定める必要があります。

たとえば、毎日の通勤風景においても、乗客の表情や会話、車内で携帯ゲームをやっている人の比率やつり革広告など、多くの情報があります。課題意識を持って見てみたり、つり革広告の写真にだけ注目したり、特定の色に注目してみたりするなど、焦点を定めて見てみれば、いつも見慣れている風景からも新たなアイデアを得ることができます。

さらに、そのアイデアを検証し、関連性を意識しながらビジネスに必要なすべての要素に展開してビジネスモデルを組み上げていくのです。ちょうど、アイデアという崩れやすい砂を固めてブロックにし、それを積み上げていくことで、城を作るようなものです。

中小企業経営は、機材の整っていないプロペラ機で、あいまいな地図しかないなか、どうにか飛んで行って、毎回目的地に到着し続けているようなものです。下手すると、出発した時には目的地も明確じゃなかったかもしれない。腕が良くなければ、こんなことはできるはずがありません。しかも、経験に裏付けされた経営能力も意欲も相当持ち合わせています。

ただ、現状がよく見えていないので、課題がはっきりせず、さらにアイデアも認識できないためビジネスモデルを組み上げることができないだけなのです。もし、そこに適切な道具があれば、より多くの成果が出ますし、成功の確率も大幅に上がるはずです。


本書は、焦点を明確にして、すべての方向から事業を見直し、アイデアを検討し、さらにそれをビジネスモデルに組み上げるための手法「イノベーションマトリックス」について学びます。この手法があれば、「素早く」「簡単に」「質の高い」ビジネスモデルを創り上げることができます。この手法は特許を取得しているオリジナル手法です。経営メソッドで特許を取得しているものはそう多くはありません。

「イノベーションマトリックス」は、商店経営者、美容院などのサービス事業者、飲食店経営者、製造業経営者、建設事業者、農家、農事法人などの中小企業、小規模事業者、個人事業主、組合など、基本的にどんな業種にも、どんな経営形態にも使えます。したがって、商工会・商工会議所職員や中小企業団体中央会職員、金融機関職員、税理士事務所職員、中小企業診断士やコンサルタント、組合士など、業種横断的に支援する方にも便利なツールとなるはずです。

「新たなアイデアを何とか事業化したい」、「売りたい、又は売らなくてはならない商品やサービスがある」など、経営革新や六次化、事業承継などの明確な課題や目的があるときはもちろんのこと、「何か大きな問題を抱えているわけではないけど、停滞感があり、このまま続けていくことに不安がある」、「今までがむしゃらに頑張ってきたけど、売上や利益が落ちてきていたり、思ったように伸びていかなかったりする」など、そもそも何をやったらよいのかがわからないときにも効果的です。

「イノベーションマトリックス」を活用することで、中小企業の新たなビジネスモデルを創る。そして、中小企業一社一社が元気になることで、街が、産業が、地域が豊かになることを目指して。

令和二年　五月　著者

目次

第三章 現状分析から始めよう!

第一章

今、小規模企業に起こっていること

1　小規模企業振興基本法制定の背景

令和元年六月、小規模企業振興基本法（以下、基本法）に基づき、第Ⅱ期小規模企業振興基本計画（以下、基本計画）が閣議決定されました。基本法は、小規模企業のあり方を定める法律です。そのなかで「政府は、小規模企業の振興に関する施策の総合的かつ計画的な推進を図るため、基本計画を定めなければならない。」（一三条）と規定されています。

小規模企業の定義は、製造、建設、旅館業は従業員数二〇名以下、その他サービス業は従業員数五名以下の企業であって、日本における全企業の九割以上に相当します。個人事業主も含まれるので、農家や農事法人もこのなかに入ることになります。

基本法のポイントは、小規模企業が規模の成長のみならず、強みを活かして経営を「維持」「継続」することを目的にしたことにあります。小規模企業には、もちろん大きくなったり、時代に合わせて変わっていったりしてもらいたいけど、まずは、これ以上縮小したり廃業したりせずに事業を持続させてほしい、技術やノウハウを維持してほしい、雇用を維持してもらいたい、と政府が明示したということです。逆に言えば、「小規模企業の成長発展を望む」などという体のよい言葉でごまかせるレベルではなく、明確に小規模企業が危機的状況まで追い込まれているということです。

そう考えれば合点がいくことがたくさんあります。とくに地方では、一部の優良事例を除くと、商店街はほぼシャッター通りとなっています。私の生まれ育った実家もそうですが、商店街には、一階が店舗、二階が住居というお店では、一階が閉まってしまっても、二階に住み続けることが多いので、昔、店舗だった建物が未だにそのまま残っています。もちろん、なかには頑張っている店舗もありますが、現在、小規模小売店店主の平均年齢は六〇歳を大幅に超え、後継者がいない、もしくは続ける意思がない店主も多く、今後減っていくことは明らかです。

また、製造業に目を向けても危機感が募ります。私は、台湾に事務所を持っており、東アジアの製造業を見る機会がありますが、日本の商品や製造業のすばらしさを日本人として誇らしく思っています。日本以外の国でモノを作ろうと思うと、予定通り進まないことが多いし、想定外のミスが起こることなど日常茶飯事です。また、日本は製造コストが高いと言われていますが、多品種小ロットでも対応できるところや、ミスが少なく、注文どおりのものがすぐにできることを考えると、一概にコスト高とは言い切れません。

台湾で講演会をすると、「あまり距離も離れていないし、極端に手先の器用さが違うわけではない。また、われわれも勉強はしている。さらに日本と同じマシニングセンターを持っているのに、日本のクオリティに追いつけないのはなぜか？」とよく聞かれます。その答えは、日本の産業構造と日本人の考え方にあると思います。日本企業は基本に忠実です。めったなことでは工程を端折らないし、想定外の使い方で加工することもありません。批判されることもありますが、日本企業は見えないところや箱に傷がつくことさえ避けます。そんなところの傷は品質に関係ないと言われればそうかもしれませんが、普段から、見えないところはどうでもいいと思って作っているのと、見えないところまで細部にわたってチェックしながら製造しているのとでは、長期的に見れば大きな差が生まれてきます。

これができるのも、日本特有の下請け構造があるからです。そして、底辺かもしれないけど、ボリュームが大きく、実質モノづくりの現場を支えているのが小規模企業なのです。近年は、製造現場が他国にいってしまうことも多いですが、昨今の国際情勢から、徐々に製造業が日本に回帰してきているのも事実です。そのような中、多くの技術と業歴がある小規模企業が失われることは、日本製造業の競争力の低下を意味するといっても過言ではありません。長年付き合ってきた下請け企業が操業停止となってしまい新たな下請けが見つからない、といった話はもはや珍しくありません。たとえ小さな部品でも、サプライチェーンが壊れれば、最悪、モノが作れなくなってしまいます。

だから、せめて持続してくれ、少しでも発展してくれればなおよし、と政府が言うのも当然です。

2 小規模企業がなくなることは大問題

小規模企業がなくなることは、事業主にとっては大きな問題ですが、そもそも、消費者は、何らかの理由で大規模店やネットショップを利用しているわけで、極論を言ってしまえば問題ないのかもしれません。また、日本経済全体からみても、数では全体の七割に相当する小規模事業者の経済貢献割合は二割以下とも言われ、まったくなくなってしまっても、大企業が収益を上げ、税を徴収すれば問題ないとの意見もあります。

しかし、この考え方は大きな間違いです。理由は三つあります。

一つ目は、税収の絶対量の問題です。今や、経済はグローバル化を極め、一見、私たち日本人の内需と見えるものでも、その税収は海外のものという状況が増えてきています。その顕著な例が、インターネット販売のアマゾンです。基本的に、アマゾンがいくら儲かっても、税収の多くはアメリカに入ってしまいます。単純比較はできませんが、本来、日本企業を通じて国や地域に入る税収が入らなくなれば、税収が少なくなり、日本や地域の経済振興に重要な問題が起こります。また、日本企業であっても大都市に本社がある巨大企業が、地域企業の売上を奪えば地域税収は減ってしまいます。もちろん、国として調整はしていますが、地域の税収が減ること自体が問題なのです。

二つ目は、地域経済が崩壊してしまうことです。小規模企業は、地域密着型の企業として存在しています。そのため、地域の雇用を生み出し、従業員を通じて、またはその企業自体が、地域で消費したり調達したりするので、地域に経済の流れを作っています。逆に、地域から小規模企業がなくなると、地域経済の流れがなくなってしまいます。人体にたとえると、血液の循環のように、お金が流れているために日本経済が成り立っています。地域経済が崩壊すると、それが広がり、ゆくゆくは日本経済が崩壊する危険が生じてしまうのです。それを阻止するためにも、ちょうど毛細血管のような地域の小規模事業の機能を何としても維持しなければなりません。

三つ目は、地域のきめ細かいニーズに対応できるのは小規模企業だということです。日本は間もなく超高齢化社会となります。若いころは車で郊外の大型店に出かけることができていた消費者も、地域での買い物が増えることでしょう。ネット販売をもっと便利にして、対応を考えるにしても、介護や理美容などのネットで対応できないサービスや顔が見えているからこそ信頼できるもの、消費者と近い関係だからこそ気づくことができるニーズに対応するサービス、小規模企業だからこそできるニッチなサービスもあります。そういった意味では、小規模企業がなくなると地域のきめ細かいニーズに対応できなくなるのです。

小さな企業の存在は、日本経済において、とても重要で、その存続は、「産業構造」「地域経済」に多大な影響を与えているのです。

3 変わり続けなければならない

小さな会社はどうしていけばいいのでしょうか。それは、変わり続けることです。

かつての日本経済のように右肩上がりに成長している社会だったら、外部環境の変化をたまに意識しながら、ヒトやカネや設備、在庫などの資産を管理し、頑張って商売していくことで、ある程度の成長が見込めていました。あえてリスクを負って特別なことをやらなくとも、今ある商品やサービス、ある程度売れることがわかっている商品やサービスを、安定的に提供することに主眼を置けばよかったのかもしれません。ところが現代は、経済が成熟し、成長が鈍化もしくは衰退さえしています。また、成熟社会は、ものにあふれ、同じような商品やサービスを持つライバルが多数存在します。成長していない市場を多くのライバルが取りあえば、今までよりも苛烈な競争を生み出すことは火を見るより明らかです。

それに、人は同じ商品やサービスでは満足しない傾向があります。どんなに素晴らしい商品やサービスのビジネスモデルを持っていても、いつまでも同じことをやっていては、必ず飽きられてしまい徐々に顧客満足が低下していきます。また、現代のようなスピード社会では、経営環境が大きく変わっていってしまいます。世の中や人の考え方が目まぐるしく変化していくなかで、商品やサービスの付加価値と差別化は短期間で色あせてしまい、気がついたときには競争力のないものになってしまうでしょう。

成熟社会のなかでの経営は下りのエスカレーターに乗っているようなものです。何もしないことは衰退を意味します。したがって、仮に現在の事業が好調だったとしても、とくに中心となる事業を惰性に任せてはいけません。つねに、「今、中心となっている事業が、今後もその原動力を維持できるだろうか」、「今後も、この事業を続けていく情熱はあるのか」と自問自答し、新たなことに取り組み、事業を変え続ける必要があります。

ひと昔前には、変化に対応することが重要だと言われてきました。しかし、経営環境が短期間で大きく変わる現代では、対応するだけでは足りず、ドラッカーの言葉を借りれば、「チェンジリーダー」、すなわち、「変化を創りだす」存在にならなければなりません。

そのためには、つねに新たな取り組みを入れ、経営に変化をもたらさなければならないのです。この考え方をイノベーションと言います。環境がこれだけ変化しているのだから、自分たちも変化していた方がむしろ安全なのです。

そうはいっても、何かを変えることは怖いかもしれません。失敗するリスクもあります。しかし、課題をそのままにしておけば、問題になる確率はどんどん上がっていくし、大きくなる危険もあります。つまり、対応を後回しにしても何の解決にもならないのです。それどころか、もっと危険なことは、課題としても認識していないことです。状況がどんどん悪くなっているのに何もやらない、何も変えないことは、確実な死を意味します。

そうであれば、あえてリスクを取ってでも課題解決や新たな取り組みに果敢に挑むしかありません。解決したことによるメリットはもちろん、自分たちに降りかかった課題は、同じようなことをしている事業者にも発生しているかもしれません。いち早く解決することができれば、それは大きな差別化要因となり競争優位になります。さらに、課題を解決したノウハウや経験を同業者に販売した事例もあります。

4 イノベーションに欠かせない事業計画

イノベーションを起こすには、事業計画書の作成が重要です。なぜなら、やったことのない新たなことに着手するには、新たなアイデアを引き出さなければなりません。それをビジネスモデルに落とし込み、地図がわりにして計画的に進めなければならないからです。

私は、一八年間で延べ三千社以上の事業計画書づくりに携わりましたが、その間、多くの成功事例を見て、事業計画書の重要性を実感しています。

また、若いころの話になりますが、事業計画書の重要性を痛感したことがあります。

私は、三十坪くらいの小型スーパーマーケットを三店舗と卸売市場を経営している家の嫡男として生まれました。二十代前半には、父が卸売市場を経営するため、スーパーマーケットを事業承継して経営をスタートしました。

当時、街にはどんどん大型店ができ、小型店の経営には大きな逆風が吹いており、私の店も業績は大きく後退していました。まだ若かった私は、事業再興に情熱を燃やし、寝る間も惜しんで一生懸命仕事に取り組みました。結果、一時は業績が改善しましたが、少しでも手を緩めると、また、みるみる業績が落ちていく、まるで、好調と不調の無限のループに陥っているようでした。砂の城を作り上げているようなもので、どんなに頑張っても、積みあがって大きくなっていく感覚はまったくありませんでした。

まるでハツカネズミの飼育で使われる回し車のようでした。カラカラ回りながらちっとも前に進まない様子は、一生懸命やっているけど空回りをしている自分のようでした。

たしかにこれまでは既存のビジネスモデルを一生懸命進めていけばよかったのかもしれません。しかし、今やそのベクトルは下り坂になっており、一生懸命やっても抜本的な効果は見込めないのです。

現場で働いているときは、目の前の仕事に集中しなければ、事故が起こるかもしれないし、結果など期待できません。現場の業務をちょっとでも怠ったり手を緩めたりすると現状維持さえできない状況です。一方で、同じことをやっていても埒があきません。それならば、現場の業務をしつつも、新たなことに取り組み、何かを変え、未来に向かっていくしかないのです。

目の前の課題を解決するといったものだけではなく、本質的なビジネスモデルを変え、数年後の土台を描き、実行していくことが重要です。そのためには、自分の考えをまとめた未来への地図が必要です。それが事業計画です。

人は、どこに向かったらいいか明確にわからない状況では思い切って進めないものです。しかし、逆を言うと、それが明確になり、そこに希望を見出し、そのために何をすればよいのかがわかれば意外と動けるものです。そして、動くことで結果が出ます。

もちろん成功するに越したことはありませんが、仮に失敗したとしても、何が悪かったのかがわかり、その結果、次に何をすればいいのかがわかります。失敗は、決定的なダメージを受けなければ、むしろ選択肢が減ります。そういう意味では、次に挑戦するときの成功確率が上がり、そこから何かを学ぶことができれば、経験値やノウハウといった無形の資産を得ることができるので前進とも言えます。そのノウハウを使って事業計画を修正していきながら、事業を成功に導いていけばいいのです。

その後、私は、商品開発、店舗改装、人事改革、配達サービス、ごみ回収サービスなど次々と新たな取り組みを実行し、事業を立て直すことに成功しました。

5 事業計画を作成する意義

事業計画を作成する意義について、もう少し理論的にまとめていきましょう。

事業計画を作成する意義は、「対外的メリット」と「対内的メリット」に分かれます。

まず、対外的メリットは、協力者を集めることです。事業は自分一人ではできません。最低限のお客様がいなければ成立しませんし、実行するにしても、従業員や協力者が必要となることがほとんどです。さらに、金融機関や行政などの協力を必要とすることもあるでしょう。自分以外の人の協力を得るためには、これから行う事業に関して、ある程度の合意や納得が必要となります。従業員を募集するとき、外注や取引先を探すとき、金融機関から借り入れをするときなどに事業計画書は必須です。

次に、対内的メリットですが、これは自分自身に対する効果のことです。一般的に対外的メリットに対して対内的メリットは注目されていませんが、私自身は、こちらの方が効果大だと感じています。事業計画は、頭の中にある計画を「見える化」するものです。頭の中では完成されていると思っていても、書き出してみると、課題が見つかったり考えていなかった部分があったりして意外と穴が見つかるものです。また、事業はすべての項目が連動しているので、わかっている部分だけでも書き出すことで、不明な点を解決の方向に進めることができます。

「どうせ事業計画を書いても当たらないので無意味だ」という声も聞かれますが、そもそも事業計画は当たる当たらないの話ではありません。事業計画は「P（プラン）、D（実行）、C（検証）、A（次のアクション）」サイクルのPです。事業は思ったように進まないことも多いので、当然、仮説がそのまま当たらないこともあります。しかし、仮説を立てることで、実行が促され、仮説と結果とを比べて検証ができ、その差を修正することで次のアクションにつながります。もちろん正確な計画を立てることを目指しますが、それよりも、修正しながら、最終的に当たっている状態にすればいいのです。ちなみに、私は、自分の会社の事業計画書を検証し、一年間に十二回から十五回も書き換えます。

事業計画作成は、経営者の方だけでなく、事業リーダーとなる方にとっても重要な作業となるでしょう。たとえ個人事業主のように小さなビジネスのオーナーであっても、いや、自分の考えや想いが事業に瞬時に反映される小さなビジネスオーナーであればこそ、事業計画作成のメリットがあると言えます。

また、これから創業しようとしている方も、骨子のしっかりとした事業を組み立てるのが必須です。創業する方は、サービス業であれば資格や営業許可を取ることや、飲食店であれば、おいしいメニューを作ることが大事だと考えがちですが、それはある意味、当たり前の作業です。大事なのは、その事業がより付加価値を出すには何をすればいいか、どのような決定的な差別化（特徴）を持つか、ということです。

さらに、昨今、課題となっている事業承継においても、承継させる側にとっては事業の重要部分や魅力を再確認するため、一方の承継する側にとっては現状の把握と今後の事業の展開を考える上で重要です。

中小企業において、事業承継がなかなか進まない理由は、承継する側が事業に魅力を感じていない、と同時に、承継させる側にも自分の事業に自信が持てないからです。事業承継やM&Aは決算書をもとに行われることが大半ですが、事業は数字から見る「定量面」だけでなく、数字ではわからない「定性面」からも判断すべきです。とくに中小企業においては、資産量や売上など定量面では計り知れない部分が多く、事業計画書を作成することで、事業を定性面からも見直すことになりますので、事業の魅力の再発見になるかもしれません。また、現経営者と後継者とが双方で事業計画書を作成し、すり合わせることで、事業の過去と現在と未来について検討するいい機会となります。

事業計画を作成することは、事業経営者（企業家）、創業者、事業承継においてつねに重要なのです。

一方で、実際に事業計画書を作成している人は意外と少ないことも事実です。なぜ、メリットが多いとわかっている事業計画を多くの企業家は作成していないのでしょうか。

それは、「手間と時間がかかるから」です。

中小企業の経営者は、管理やマネジメントに特化しているわけではなく、自ら現場作業も行う「プレーイングマネージャー」です。落ち着いて経営を考える時間の重要性は把握していても、なかなかその時間を取ることができないでいます。また、事業計画作成になれていないため、何をすればいいのかもわからず、疲れている時はその気にもなれないかもしれません。そのような状況では、時間のかかる事業計画を作成することができないでいるのが実情でしょう。

また、時間をかけて少しずつ作成しようとしても、現状がどんどん変わってしまいます。事業計画を作成しようと思い立った時、いつも現状分析しかできていないといった笑えない話もあります。事業計画作成にはスピードが求められるのです。素早く作成できれば、修正も素早くできますので、事業計画作成後に実際の事業との差が生じても修正しやすくなります。

しかし、仮に素早く作成できたとしても、質が悪かったり、必要項目を捉えていない事業計画だったりしたら、そもそも事業計画書を作成する意味がありません。必要な要素が十分に考えられていて、実践に使えるものでなくてはなりません。

「余計な手間をかけず、素早く、質の良い事業計画を立てる」

それを解決するために考えだされたものがイノベーションマトリックスです。必要最低限の項目に絞ったシンプルなツールですので、今まで数時間かかっていた事業計画書作成が簡単に素早くできます。また、特許を取得したツールですので、オリジナリティと特許上のある程度の有効性が認められています。約千件のイノベーションビジネスモデルを当てはめてみてもエラーが出ていませんし、中小企業支援をしている全国組織においても使用しており、その有効性において好評を得ています。

第二章

イノベーションマトリックス

1　イノベーションマトリックスとは

九マスのマトリックス

「経営の重要要素すべての視点から現状を分析し、課題を明確にしたり、アイデアを出したりすること」と「アイデアを実行できるビジネスモデルに組み立てる（ビルドする）こと」を、一つのフレームワークで可能にしたものがイノベーションマトリックス（図1）です。

イノベーションマトリックスはたった九つのマスからなるマトリックス型のシンプルなシートです。全体の中央には「商品・サービス」があり、その周りを

お客様・ターゲット	販売窓口・経路	販売方法・促進
調達・生産	商品・サービス	課金モデル
有形資産	ヒト	無形資産

図1【イノベーションマトリックス】

「調達・生産」、「課金モデル」、「お客様・ターゲット」、「販売窓口・販路」、「販売方法・促進」、「有形資産」、「ヒト」、「無形資産」が囲んでいます。

たった九つしかないだけに、すべてが重要項目で、どれも丁寧に検討しなければなりませんが、大事なのは九つのマスの関係です。九つがそろうことで、初めて一つのビジネスモデルとなります。九つのうち一つでも欠けていたり、決定的な課題があったりすれば、ビジネスモデルとして成立しません。

また、それぞれのマスは相互に強く影響し合っており連動しています。仮に、一つのマスに変化があれば他のマスも変化します。逆に言うと、不明確なマスを強化したり、関係性を強くしていったりすることで、より実現可能な成功しやすいビジネスモデルになっていきます。

イノベーションマトリックスは、主に、現状分析とビジネスモデルをビルドするときに使えます。また、経営革新のように現状分析から課題解決、新たなアイデア出し、ビジネスモデルにビルドするまでを一つのツールで行うことができます。

イノベーションマトリックスを現状分析に使う

イノベーションマトリックスを現状分析に用いることによって、現状について明らかになるだけでなく、課題が抽出されたり、新たなアイデアが出たりします。ビジネスの調子があまりよくないけれど課題がわからず何をすればいいのかわからない場合は、イノベーションマトリックスを用いて現状分析をすることで、やるべきことが見えてきます。また、ライバルやパートナーなど他の企業のビジネスモデルを分析するときにも使えます。

ビジネスモデルをビルドする

九マスのうちどこでも構わないので、どこか一つのマスに対応する新たなアイデアを考えます。課題の修正でも構いません。

新たなアイデアが出てきたら、「商品・サービス」を中心にアイデアが出たマスも含め九マスに展開します。マスの間を行ったり来たりしていくことで、他のマスも変化しビジネスモデル全体に変化が起きます。

何かアイデアが思い浮かんだ時、イノベーションマトリックスを使うことで新たなビジネスモデルをビルドできます。慣れてしまえば、移動中に思い付いたことでも、イノベーションマトリックスを活用してビジネスモデルをビルドできます。

その結果、実現性を評価したり、実行するかどうかの判断をしたりすることができます。完成したイノベーションマトリックスは、事業を実行するのにも役立ちます。また、仮に思い通りにいかなかったとしても素早く計画の修正ができます。

2 イノベーションマトリックスの特徴

イノベーションマトリックスは、手間や時間がかかっていた事業計画書の作成を、質を落とさずに素早く簡単に作成できるようにしたツールです。その特徴は、次の三つです。

特徴一 素早く簡単にできる

一つ目は「素早く簡単にできる」ということです。イノベーションマトリックスは、たった九つの項目について検討するだけなので、短時間で簡単にビジネスモデルを創り上げることができます。しかも必要最低限の重要項目だけで構成されているので、焦点が定まりやすく、質の高いビジネスモデルになります。ビジネスモデルを組むスピードが上がることで、仮説―検証―ノウハウのサイクルを高速回転させることができるので、より多くのアイデアを試すことができ、成功確率が大幅に上がります。また、習熟が早くなりノウハウの蓄積も増やすことができます。

特徴二　全体を俯瞰して見ることができる

二つ目は「ビジネスモデル全体を俯瞰して見ることができる」ということです。イノベーションマトリックスは、事業の全体像を一枚のシートにシンプルにまとめることが可能です。その結果、事業を俯瞰して見ることによりバランスの良いビジネスモデルを構築することができます。また、課題の解決方法も同様にして柔軟に考えることができます。

経営には、「人手不足なので設備投資したいけれど現金がない」、「現金を借りれば金利を払わなくてはならないけれどなるべくなら金利を払いたくない」など、あちらを立てればこちらが立たずという状況になることが少なくありません。むしろ、そのような状況でつねに意思決定していると言っても過言ではないかもしれません。このような状況を「トレードオフ」と言います。

トレードオフはお互い相容れない状況ですが、イエス、ノーといった極端な二択ではなく、たとえば、設備投資したいけどお金が足りないのであれば、「一つ下げたレベルのものではどうか」とか、「一部分だけ機械化してあとは人手で補えないか」とか、「リースに切り替えたらどうか」など柔軟にバランスを取ることができるかもしれません。また、事業を全体から見ることによって適切な課題の解決方法が見つかるかもしれません。

たとえば、売上が思ったように伸びないときに、販売促進について考えていても、売上が伸びないのは販売促進の不振が原因である場合以外は効果が上がりません。経営はすべてつながっていますから、課題解決はビジネスモデル全体から考えた方が効果的です。

売上が思ったように上がらないのは、商品自体に競争力が乏しいのかもしれませんし、もっと売れるはずなのに供給が間に合わずにチャンスロスを生み出しているのかもしれません。価格が高いのかもしれませんし、ターゲットを間違えているのかもしれません。売る場所があっていないのかもしれませんし、売り方が間違っているのかもしれません。必要な機材が整っていないのかもしれないし、適切な人が販売していないことが原因かもしれません。また、ブランド力がないことが原因かもしれません。

最初からこれと決めつけるのではなく、九マスを行ったり来たり、書いたり消したり、数枚のシートに分けて考えたりすることで、経営判断に活かすことができます。

特徴三　ストック、共有できる

三つ目は「ストック、共有することができる」ということです。イノベーションマトリックスは、誰でも使うことができます。多くの人が同じフレームワークで情報をストックすれば、情報を共有、分析、活用することができます。これまで、なかなかできなかった中小企業の定性情報（数字では表わせないような情報）をストックすることができます。それぞれを事例として参考にすることも可能ですし、情報を分析することで、「どのようなビジネスモデルが成功しやすいか」など、そこで得た結果から学習することもできます。

特許を取得している

イノベーションマトリックスは特許を取得しています。ある意味、イノベーションマトリックスの最大の特徴はこれなのかもしれません。特許は一般的に「カタチあるもの」か「製造方法」において取得するものであって、「考え方」では取得できないと言われています。イノベーションマトリックスは一定のカタチで考えることで成果が出せることを証明したことにより特許を取得しています。このような「カタチ」での特許の取得はとても稀なことです。

特許を取得するには、新しいことに加え、「従来技術から飛躍的進歩をしているか」ということが重要です。つまり、イノベーションマトリックスを使うことで、事業計画を立てる際に、従来の方法よりも、早く、簡単に、誰でも、質の高い事業計画が立てられることを、論理的に、審査官に認めてもらわなければなりません。言いかえれば特許を取得したということは、イノベーションマトリックスの有効性を評価してもらったととらえることができるのです。

3 なぜ、商品・サービスが中心なのか？

どのようなビジネスモデルもその中心は商品・サービスです。もちろん、イノベーションマトリックスの真ん中のマスも「商品・サービス」です。ではなぜ、商品・サービスが中心となるのでしょうか。

価値とお金＋αの交換における媒体

すべてのビジネスは、「価値とお金＋αの交換」と言い替えることができます。たとえば、八百屋さんは単にキャベツとお金を交換しているのではなく、キャベツ（商品）という媒体を通じて、お客様の「おいしいものが食べたい」、「健康になりたい」といった要望に応えるという「価値」を提供しています。そして、お客様はその対価としてお金と無形資産、すなわち信用や忠誠心（ロイヤルティ）、実績、ノウハウなどを八百屋さんに返しています。

この価値と対価のやり取りにおいて、価値を伝える媒体として存在するのが「商品・サービス」です。逆の言い方をすれば、売手はお客様に商品・サービスを通じて価値を提供していると言えます。もし、媒体が価値を伝える伝導率が悪ければ、どんなに良い価値でも思ったように伝わりません。価値がうまく伝わらなければ、対価は減ってしまう、もしくは支払われないかもしれません。

つまり、商品・サービスの伝導率、すなわち良し悪しによって、売上や評判、固定客の有無が大きく変わってしまうのです。したがって、商品・サービスはビジネス成功における非常に重要なファクターであり、ビジネスにおける中心（軸）は「商品・サービス」と言うことができます。（図2）

明確な商品・サービスがなければ、ビジネスモデルにはな

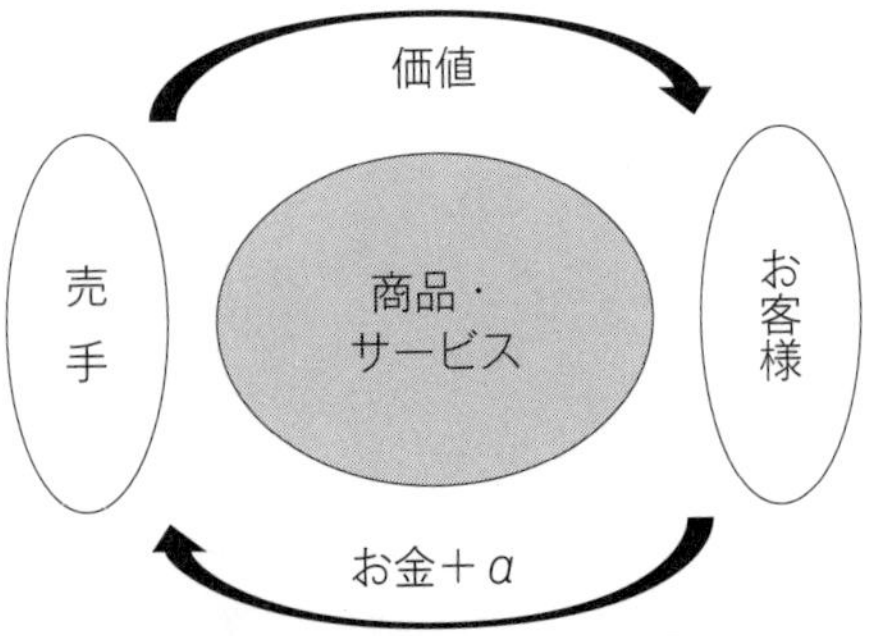

図2【価値と＋αの交換】

りません。価値を伝えるモノや取組みを商品化する必要があります。たとえば、経営に関して知識がある人と、経営コンサルタント業を生業にしている人との大きな違いは、「それを（有料）サービスとして商品化できているのか」ということです。商品化とは、いつまでに何をどうやるといった契約を交わし、それに伴ってサービスを提供するといったことです。もちろん、その質や内容が悪ければ、少なくとも長期的に見れば対価は少なくなってしまいます。

収益性のイメージ

イノベーションマトリックスは、下段の「有形資産」、「ヒト」、「無形資産」を土台にしながら、「商品・サービス」、「調達・生産」、「課金モデル」の中段と「お客様・ターゲット」、「販売窓口・販路」、「販売方法・促進」の上段の六マスをぐるぐる回って事業が展開されていきます。そして、対価が「有形資産」の現預金に溜まっていきます。

しかし、事業を運営していると、思ったような売上や利益を得られない時もあるでしょう。その場合は、信用、実績、ネットワークなどの無形資産を得られないか、または、自分自身や従業員の育成などの「ヒト」の育成を得られるかを検討します。有形資産（現預金）で得られた対価を設備などの有形資産やヒトや無形資産に再投資されていくのも含めて、「有形資産」、「ヒト」、「無形資産」であるビジネスの土台がどんどん大きくなるイメージです。土台が大きくなればその上に構築されている六マスも成長していきます。このようにスパイラルアップしていくイメージを持って、規模的にも内容的にも事業を成長させていくのです。（図3）

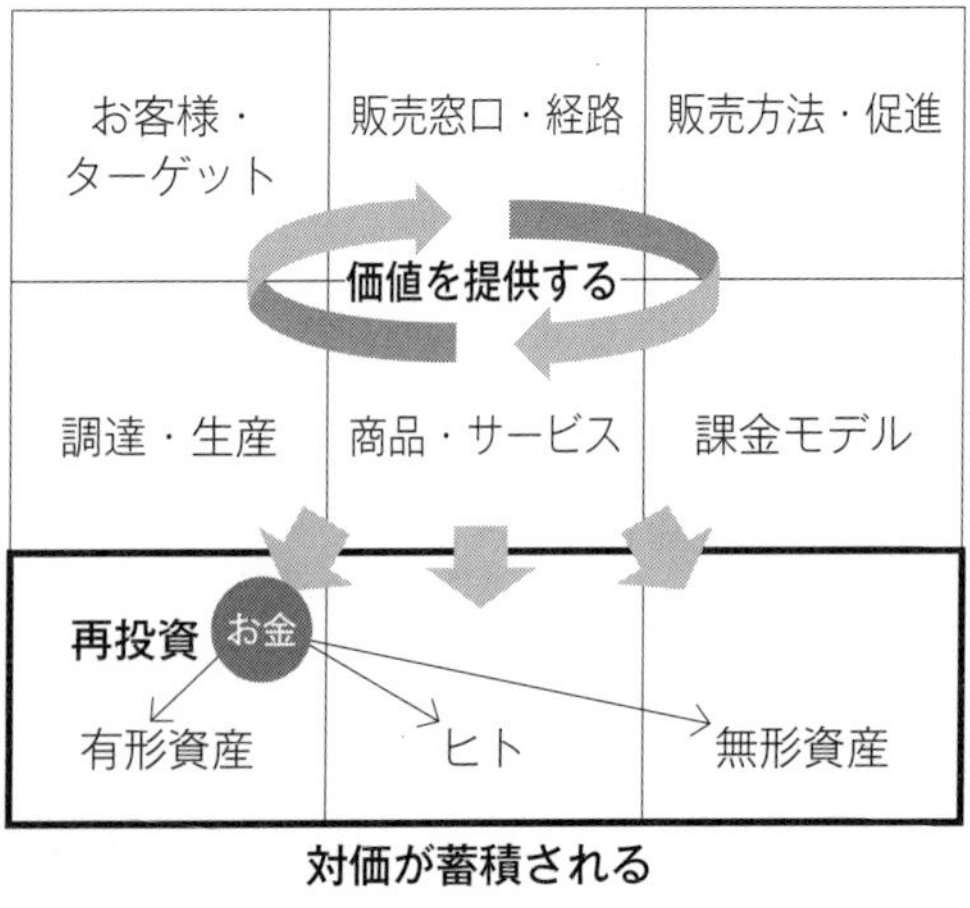

図3【ビジネスモデル成長のイメージ】

4 付加価値

収益性を上げるためには「付加価値」と「差別化」を強化することが重要です。付加価値とは、「その商品・サービスがどれだけの価値をもたらしたか」ということです。すなわち、価値の絶対量です。付加価値を明確にするには「誰への価値なのか」を考えると効果的です。

お客様への価値

価値をもたらす相手として、重要なのは「お客様」です。対価を払うのは主にお客様ですから、当然、お客様が価値を感じることがなければ事業は成立しません。お客様には、「買い手」と呼ばれる、お金を出す人と、「使い手」と呼ばれる、実際に消費したり使用したりする人の二種類が存在します。気を付けなければならないのは、この「買い手」と「使い手」のキモチが多くの場合異なっている点です。むしろ真逆になっていたり、トレードオフになっていたりする場合も多いのです。

たとえば、おもちゃ売り場の店員において、小さな子供本人と母親はどちらもお客様です。しかし、「買い手」である母親は「五千円以内で教育に役立つおもちゃが欲しい」と思っていますし、一方で、子供はそんなことはお構いなしで単純に欲しいおもちゃを探します。「売り手」である店員からすれば、両方の価値観を尊重しなければなりません。

また、製造業に生産機械を売る場合でも「買い手」である社長は「業務効率」や「値引き」が気になりがちですが、「使い手」である現場工員は、「使いやすさ」や「手順が異なるかどうか」「動かなくなったらどこに連絡すればいいか」などが気になることでしょう。このように「買い手」と「使い手」の価値を分けて考えることで、ニーズがより明確になります。

さらに、同一人物の中でも「買い手」と「使い手」としてのキモチが入れ代わることがあります。たとえば、主婦がスーパーの売場で購入を決定するときは「買い手」の目線になっていますので、お値打ち価格か運びやすいかなどが重要な判断基準となります。しかし、家に戻って調理したり消費したりするときは「使い手」の目線で価値を感じます。安く買ったとしても、食べられなかったり、不味かったりすれば価値を感じることはありません。これは、安かろう悪かろうのビジネスが長続きしない大きな理由の一つです。

「売り手」への価値

価値を発揮すればいいのがお客様だけであって、お客様が喜びさえすればいいのであれば、極端に言うと、良い商品をただ同然で配ればいいのです。しかし、いくらお客様が大きな価値を感じたとしても、それでは長続きしません。「売り手」にも、続けることができる利益や、たとえ多くの利益が出なくとも、たとえばお客様をたくさん集めてくれる商品であるなどの価値がなければいけません。価値を考える三人目は「売り手」です。

「売り手」における価値は、もちろん「利益を得ること」「収益を得ること」が大きいのですが、他にも商品や事業によっては「ブランドを上げる」「集客に寄与する」「顧客満足度を上げる」などが考えられます。とくに新規事業においては、それを行うことによって「既存事業や既存の商品に好影響を与えるかどうか」「企業価値が高まるかどうか」なども重要です。新商品や新サービス自体はあまり売上に貢献しなくとも、それがあることによって既存商品が売れたり、既存事業がさらに発展したりする事例もあります。

周囲への価値

さらに、ビジネスはお客様と「売り手」の二者だけのものでなく社会の中で行われていますので、社会や地域など周囲の人にとっても価値がなければいけません。私たちの事業は社会に支えられています。社会に好かれれば追い風を受けて事業が進みやすくなりますが、社会に嫌われれば大きな向か

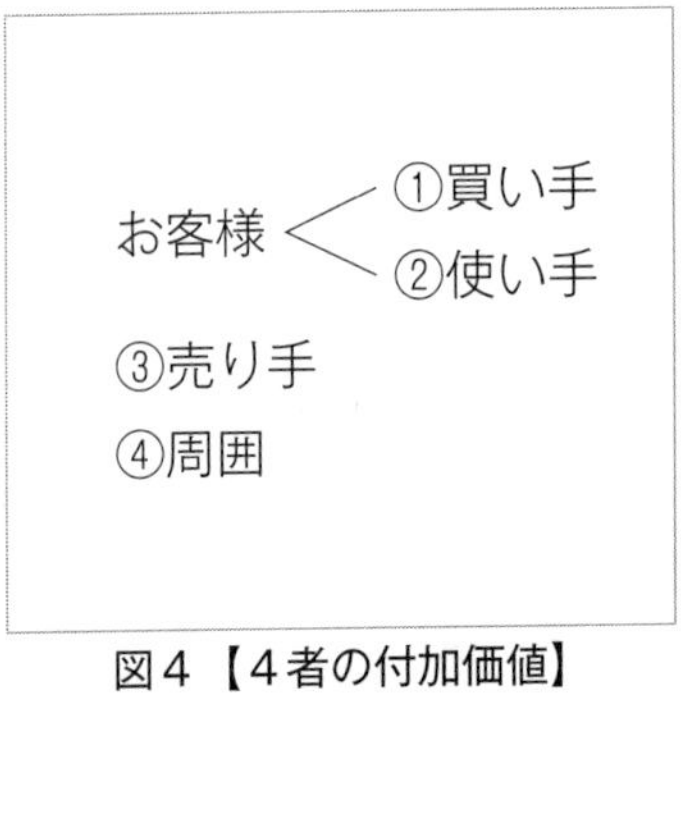

図4【4者の付加価値】

い風になってしまいます。したがって、結果的に地域や業界へ何を還元できるのかを考えることが重要です。

このように「買い手」、「使い手」であるお客様の価値を中心に、「売り手」と周囲を加えた四者における価値の合計を最大化することを考えることで、付加価値が大きくなります。付加価値はこの四つの切り口から考えていくのです。（図4）

5　差別化

差別化の重要性

差別化とは、その商品・サービスの特長のことです。通常、「とくちょう」は「特徴」を使いますが、あえて「特長」を使った理由は、単純に変わっている部分を持つのではなく、それが優れていなければならないからです。差別化は、お客様がこの事業の商品・サービスを選ぶ理由となります。

他社にはない、他社にはまねのできない、他社がまねしづらい「差別化」はあるのか、作れるのかがビジネスにおいて最も重要な要因の一つとなります。また、ライバルによっても優位性を発揮する差別化要因は異なってきますので、ライバルを明確に想定することが重要です。

仮に差別化をまったく行えなければ、その商品は、コモデティと呼ばれ、最後の差別化要因である「価格」での競争になります。つまり、差別化できなければ、否応なしに価格競争へ巻き込まれていってしまうのです。最初から価格で勝負している事業も見かけますが、最後の競争要因である価格において、いきなり勝負していては後がなくなります。圧倒的に安く作る販売方法がある、圧倒的に安く手に入れることができる、などの独特の「しくみ」がなければ、価格競争は絶対に避けなければなりません。なぜなら、価格競争は体力がある大手が必ず勝つ戦法だからです。勝算のない我慢比べは危険です。

ただし、いくら差別化が重要だといっても、トップランナーになるまでは「きわもの」や「変態」を作ってはいけません。人は見たことも聞いたこともないものには手を出さないものです。たとえば「今までにない美味しさのマンゴー」と「今までにない美味しさのスターフルーツ」では、スターフルーツの方が珍しいので、差別化が強いのですが、往々にしてマンゴーの方が売れます。逆にトップランナーになったときは、まったく見たこともない新商品や新サービスを打ち出し、業界に新たな価値観を生み、他と決定的な差別化を創り出す戦略が有効です。

ブランドの作り方

差別化は積み重なっていくと、結果的に顧客の中で完全に特別視される存在になります。それがブランドです。ブランドの形成には、多くの時間を要しますが、いったん形成されると決定的な差別化要因となり、競争における絶対な優位性となります。

ブランドを作るためには、ネーミングやロゴなどで容器を作り、コンセプトを定め、戦略的に大小様々な差別化を入れていきます。それらが一定以上積み重なり、人々の意識の中で「さすが」と言われるような決定的な違いとなって認識されることがブランドになるということなのです。（図5）

ブランドになるためには一般的に長い年月が必要で、一朝一夕ではできません。逆に崩壊するのは一瞬ですが、長期

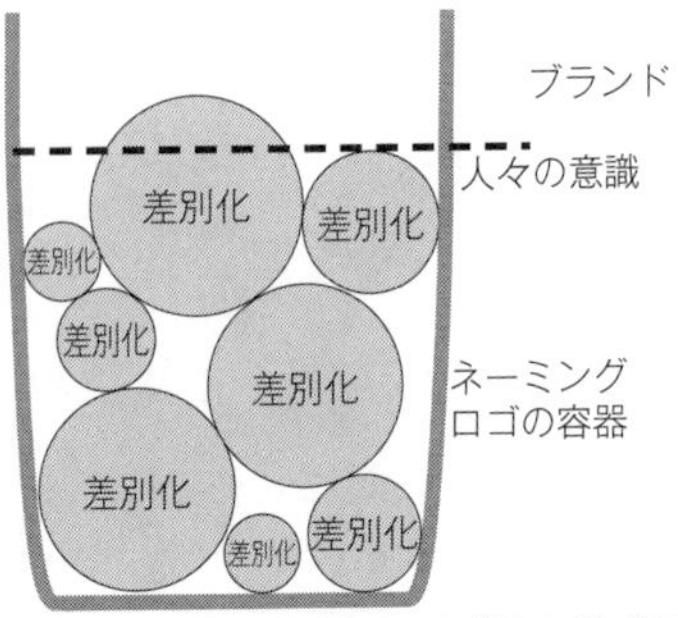

大小様々な差別化が積み重なり一定のラインを越えたらブランド

図5【ブランド】

間、決定的な差別化をもたらします。

付加価値・差別化は商品サービスの良し悪しだけでなく、広い意味でビジネスモデル全体の良し悪しを考える基準ともなる重要なファクターです。

6　外部環境

絶えず強い影響を受けている

私たちの会社や事業は、社会から絶えず影響を受け続けています。会社や事業からみて、内側の状況のことを「内部環境」、外側の状況のことを「外部環境」と言います。内部環境は、その企業にとって努力すればどうにかなる要因、反対に外部環境は、努力してもどうにもならないことです。経営戦略は、自分たちはこれからどう動けばいいのかを決めることです。自分たちで能動的に決められる内部環境と、受動的に捉えなければならない外部環境は明確に区別して考えなければなりません。

経営の現場では、「もう少し景気が良ければ何とかなる」とか、「今のお客様は安いものばかりに群がるが、品質の良いものをもっと評価するようになれば自分たちの商品が売れる」という声を耳にします。実際に原因の一端はそうなのかもしれませんが、これらはすべて外部環境です。仮に、外部環境に左右されるしかないのであれば、自分たちが有利になる時までじっと待つしかありません。

外部環境は、自分たちにはどうにもできない事象ですから、理解し、受け止め、「自分たちはどのように動くのか」を内部環境の中で考えることが肝心です。外部環境を参考にし、内部環境で戦略を考えます。「景気が悪い中、誰に、どんなものを売ればいいのか」「お客様に金額だけでなく、品質で評価してもらうには、どのような取組みをしていかなければならないのか」を考えることが重要です。

外部環境をまったく考えなければ、独りよがりの戦略になってしまいます。内部環境と外部環境を車の両輪のようにバランスよく考えることが肝心です。イノベーションマトリックスは、自社の戦略を決めるためのツールですので内部環境

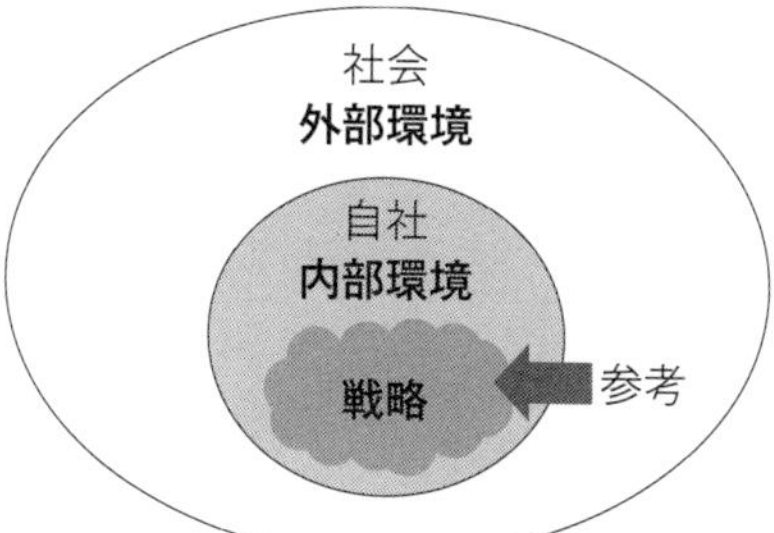

外部環境を参考に内部環境で戦略を立てる

図６【内部環境と外部環境】

に特化しています。したがって、外部環境を細かく分析し、参考にする必要があります。

外部環境というと、景気や為替などの経済、税や法律などの政治、流行や価値観の変化などの社会、新技術開発・技術発展などの技術、災害や天候傾向などの自然、懸念されるリスクなどを思い浮かべる方が多いと思いますが、最も重要なのは、「市場」、「競合」、「パートナー」の三つです。(図6)

市場

市場は、お客様候補のカタマリです。既存客を参考に、これからどのような方がお客様になるのかを調べていきます。今までどのようなお客様が来ていたのか、これからどのようなお客様が利用する可能性があるのかを属性で書き出してみましょう。そして、それを男女、年齢、地域、好きなもの、週末の行動などを基準にしてグループにします。その結果、独自のグループを見つけることができれば、決定的な優位性になるかもしれません。次に、そのグループの特徴や動きの傾向を調べ、戦略の参考にします。

競合

競合とは、ライバルとなる商品・サービスや企業、ビジネスモデルのことです。その有無だけでなく、強さや傾向なども調べましょう。その存在は、戦略の成功確率に大きく関係してきます。もちろん、強い競合が多いと競争に勝つことは大変ですが、逆に競合があることで刺激になったり、差別化要因が際立ったりもします。競合は同業者だけではありません。思わぬ商品やサービスが競合することがあります。販売している商品や、サービスは異なっても、お客様の利用状況などによって競合となるものがあります。これを「代替品」と言います。その商品がなかった場合に、お客様は何を利用するのかを考え、競合として認識し、それに対する差別化や優位性を考えます。

パートナー

パートナーは外部の事業協力者のことで、仕入先、外注先などの「生産パートナー」、棚貸、フランチャイズ先、共同販売者などの「販売パートナー」、税理士、商工団体、金融機関、行政、コンサルタントなどの「その他パートナー」の三つに分かれます。

パートナーの中で、最も重要なのは、「生産パートナー」です。中小企業や小規模企業の現状分析をしていると、「生産パートナー」の衰退が原因で経営状況を大幅に悪化させてしまっていることがあります。たとえば、外注です。製造業や建設業を中心に日本の産業構造は外注の存在なしでは語れません。しかし、長らくの不況で外注への発注量が減ったり、発注側の内製化が進み、結果として、外注を受けられる事業者が大幅に減ったり、衰退したりしました。一方、リストラ等で社内資産を削ってしまった企業は、景気が回復したタイミングで発注したいところですが、外注先そのものがなくなってしまっているのです。また、外注は往々にして現場に近い業務を担当し、ノウハウや技能を蓄積しているのですが、そこがなくなってしまい、貴重な無形資産を損失してしまうことも問題です。

また、商品や原材料を仕入れる仕入先も「生産パートナー」です。近年、小さな商店や製造業において、仕入先の衰退により業績に重要な支障をきたしている事例が増えてきました。たとえば、昔は、小ロットで多様な商品をフットワーク軽く提案、納品してくれた卸売の元気がなくなったため、思うような仕入ができず、販売や生産が停滞していることがあります。「生産パートナー」をどう選択するか、「生産パートナー」とどのような関係を築くのかが、経営戦略においてより重要になってきたのです。

一般的には外部環境から考え、内部環境の戦略を決める方法が取られていますが、中小企業では、内部環境において戦略を考えてから、外部環境に照らし合わせる方が効率的です。内部環境に比べ外部環境は多岐にわたるので、やみくもに外部環境を調べるよりも内部環境の課題や戦略を、ある程度目星を付けてから、外部環境を調べる方が、素早く精度の高いものになるからです。（図7）

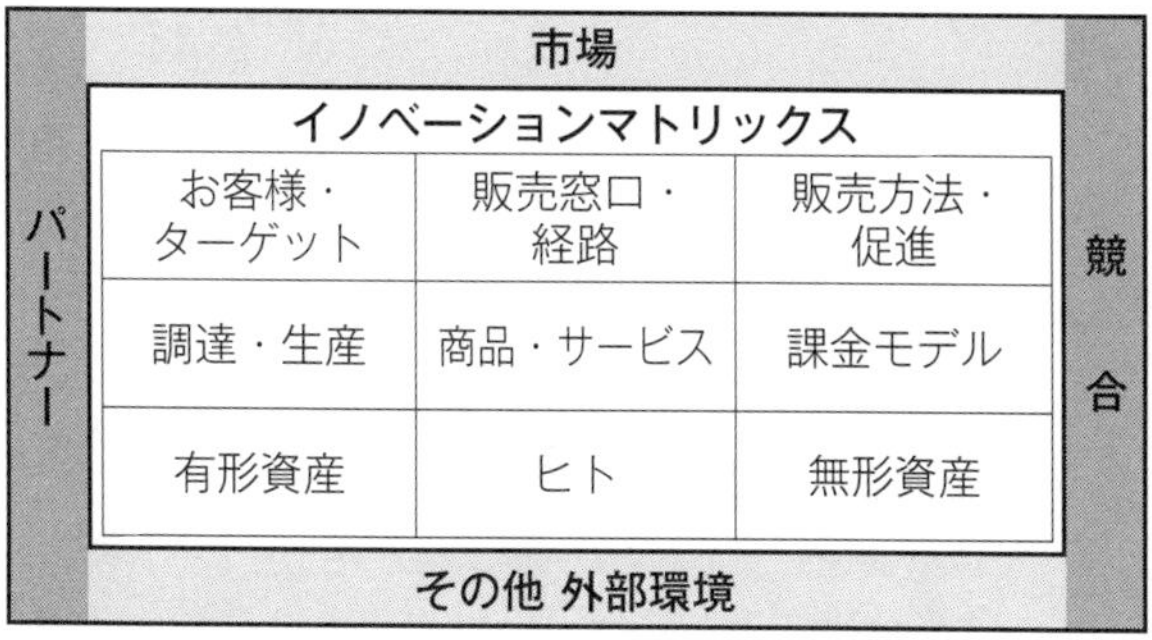

図7【イノベーションマトリックスは外部環境に囲まれている】

第三章

現状分析から始めよう！

1　現状分析から始めるメリット

今を見つめ直すことで未来が見えてくる

「現状なんて今更分析しなくても、毎日経営をしているからわかっている」と言いたいところかもしれませんが、小規模企業だけでなく、比較的大きめの企業でも、現状分析と認識が十分でないために、見当違いの経営をしている例が多くあります。私の企業支援の経験においても、現状をヒアリングしながら整理し、イノベーションマトリックスに書き出すだけで、新たな気づきや課題が明確になり、業績が大きく向上する例もあるほどです。

中小企業、とりわけ小規模企業は、目の前の仕事に忙しく、業務全体を俯瞰して見直す時間がほとんどありません。課題や問題も毎日のように降ってくるので、その火の粉を払い落すことに追われ、原因などを分析する時間や抜本的な解決方法を考える時間さえないものです。

「どの事業や商品が自分の事業に貢献しているか」という基本的な質問でさえ、改めて問われると、あやふやな答えになってしまうこともあります。自分の状況（内部環境）だけでなく、自分を取り巻く状況（外部環境）にしても同じです。たとえば、原材料価格が上がった時も、「最近高いな、上がったな」とは認識しているものの、日々の上り幅が小さい場合、「何とか我慢して高騰している時期を乗り切ろう」と考えがちです。しかし、いったん立ち止まり、改めて一年前と比べて15パーセントも上がっていることがわかれば、「このままでは利益どころか、作れば作るほど赤字幅が広がる。販売価格を変えるとか、製造方法を変えるなど、抜本的に変えていく必要がある」と考えることで、戦略を大きく変えることができます。今をしっかりと見つめなおすことで未来が見えてくるのです。

現状分析から始めるべき理由

イノベーションマトリックスは、やりたいことが明確であれば、いきなりそこからビジネスモデルを創り上げることもできますが、いったん現状分析から始めることをお勧めします。その理由は四つあります。

一つ目は、作りやすいことです。将来の計画やビジネスモデルは「まだ見ぬ未来」のことですが、現状は「もうすでにあるもの」ですので、答えはすでに存在しています。イノベーションマトリックスに慣れるという意味でも、比較的簡単な現状分析から入るといいでしょう。

二つ目は、未来の計画のヒントは現状分析にあるからです。何か新たな行動を起こさなければならないと感じていても、目の前の仕事に追われ、何をやったらいいのかわからないことがあります。また、事業に停滞感があり、アイデアが思い浮かばないこともあるかもしれません。そんな時は、とりあえず現状分析をやってみましょう。課題ややるべきことが明確になったり、アイデアが浮かんだりすることがあります。「彼を知り己を知れば百選危うからず」と言いますが、現状を理解することによって成功確率を上げることができます。

三つ目は、現状の資産を使うためです。とくに小規模事業者は、すべてにおいて資産が十分というわけではありません。使える資産は有効活用したいものです。現状分析は、現在持つ有形資産や信用、ノウハウ、ネットワークなどの目に見えない無形資産などの経営資産やビジネスモデルを明確にする作業です。これらを有効活用できる戦略を考えるためにも、いったん資産の棚卸をする意義があります。

四つ目は、差異分析から、行動を導き出すためです。現状分析を十分に行ったうえで、将来の計画を立てれば、二つのイノベーションマトリックスの間において差異分析ができます。違いを知ることで、何をすればその差が埋まるのかを考えていけます。これらが経営計画となっていきます。明確な経営計画があれば、実行確率も大幅に上がり、計画が絵に描いた餅ではなくなります。

2 現状分析の四つのコツ

事業計画を見ていると、とりあえず形ばかりの現状分析をしてしまっていることがあります。それではせっかくの現状分析も十分に戦略に活かすことができません。効果的な現状分析をしただけで、業績が大きく向上した事例もある中で、とてももったいないことだと思います。効果的な現状分析をするためには、次の四つのコツがあります。

その一　期限を決めて行う

一つ目は「期限を決めて行う」ことです。ありきたりの情報をやみくもに集めても戦略に結び付かないばかりでなく、情報に埋もれかえって戦略が見えなくなってしまうことさえあります。また、いつまでも現状分析だけを行い続け、行動に移せていない例も見かけます。状況にもよりますが、期限を設け、その中で情報を集め、意思決定し、行動するように心がけましょう。現実の世界では、すべての情報を得られるわけではありません。「完全な情報など得られない」という割り切りのもとですべてが進んでいくのです。

その二　強みを拾い集める

二つ目は「強みを拾い集める」ことです。小規模企業が有形無形の資産に乏しいのは当たり前です。弱点をあげていったらきりがないし、ないものねだりしても仕方がありません。「何を持っているのか」「良いところはどこか」「活用できる実績やノウハウはないか」を見つけだすことが肝心です。「できないこと」ではなく「できることは何か」、「何が足りないのか」ではなく「持っているモノをいかに使いこなすか」、「使える成功事例はないか」を考えていきます。そのためには、一見、些細に思えるような強みも拾い上げていきましょう。普段とくに意識していなかった「強み」が、次の戦略のアイデアにつながることも少なくありません。

その三　弱みは問題（弱点）と課題に分ける

三つ目は「弱みは問題（弱点）と課題に分ける」ことです。

現状分析は強みを中心に行っていきますが、どうしても弱みも見えてきます。弱みを見つけたら、それが、弱点なのか課題なのかを区別します。弱点と課題の違いは、改善することによって明確なメリットが出るのか否か、ということです。一見、弱点に見えても、それが特徴となったり、とらえ方によっては強みになったりすることもあります。一方で、そのままにしておくと将来の大きな懸念になりそうなものや、解決することでメリットが見込める課題もあります。

課題が見えたら、まずは書き出して顕在化（見える化）します。課題は、潜在化してしまうことが問題で、わかっているということが重要なのです。実際に動いている事業ならば、課題があることはある意味当然のことで、課題や問題意識はむしろイノベーションのタネやエネルギー（推進力）、将来への期待度、とも捉えることができます。

その四　具体的に、詳細に、分解していく

四つ目は「具体的に、詳細に、分解していく」ことです。

必要な情報や戦略に結び付く情報は、なるべく具体的に詳細に分解していきます。分解することによって、強みが使いやすくなり、次の戦略や行動につながりやすくなります。

たとえば「技術力がある」という強みは、「切削の技術力がある」と「技術開発能力がある」と「技術向上を奨励する社内風土がある」等に分解することで、「具体的に何を考えればいいか」「次の行動は何か」「この強みはどのように使えるか」などと考えていけます。また、課題も、大ざっぱにとらえるのではなく、分解したり、具体的なシーンを想定したりして考えることで解決に近づけることができます。

コラム　SWOT分析の終焉

現状分析の代表的な手法はSWOT分析かと思われます。現状を4象限に分け、分析する手法はシンプルで使いやすいため、確かに一番よく使われています。

しかし、この手法には、大きな欠点があります。それは、内部環境の「強み」と「弱み」、そして外部環境の「機会」と「脅威」を分ける線があやふやだということです。たとえば、「県内一番の切削技術」は、それだけを見れば「強み」ですが、日本でまだまだ上がいるという意味では「弱み」と取ることもできます。「強み」と捉えれば、その技術を生かした戦略を策定することになりますし、「弱み」とみれば、技術を上げていく努力が必要と考えるでしょう。つまり、SWOT分析でどちらに置くかによって、その後の戦略にも大きく影響してしまいます。外部環境のOとTにも同じことが言えます。今までは、現象を主観的に捉え、その事業にとってどう考えられるのかによって分けられていましたが、考え方や価値観がさらに多様化してきた現代において、それを分ける意味も薄まってきたと言えそうです。つまり、SWOT表によって分析する理由があまりなくなってしまったのです。

それよりも重要なのは、漠然とではなく、すべての方向から強みを検討することです。イノベーションマトリックスは、内部環境と外部環境を明確に分け、内部環境は九つの項目から「強み」「弱み」を、そして参考ではありますが、外部環境は四つの項目から機会や脅威を引き出していく手法です。今までSWOT分析を使っていた方も安心して使用していただけます。

3 現状分析の実践

実際に現状分析をやってみよう

それでは、実際にイノベーションマトリックスを使って現状分析をしてみましょう。どのマスから考え始めてもいいので、まずは大まかに全体像をまとめていきます。最初はあやふやだったり、考えられなかったりした部分も、他のマスが埋まることで明確になってきます。その後、各項目の質問事項を意識しながら一つ一つ考えていくようにします。なかなか埋まらないマスがあったり、不明瞭なマスがあったり、明らかに競争優位性がないと感じられたりしたら、そこがその事業の弱点です。そこからその事業が崩れていってしまうかもしれません。言い換えれば、そこが明確になったり、強くなったりすれば、ビジネスモデルも強固になります。

また、九マスの関連性も強ければ強いほど、よりよいビジネスモデルだということができます。ちょうど建物の柱が支え合いながら強度を保ち、組みあがっているような感覚です。各マスの関連性に注目することも忘れないでください。

イノベーションマトリックスは、どこから始めても構いません。実際は特定のマスにとどまることなく、各マスを行ったり来たりしながら進めることが多いのですが、本書では、一番重要な「商品・サービス」から、順次具体的に問いかけをしながら進めます。すべての問いかけに完璧に答えようとする必要はありませんが、できる限り具体的に書き出してみてください。現状分析を進めていく過程で課題が出てくることもあります。そんなときは、色を変えるなどして課題をわかりやすくしておくと、その後のカイゼン活動につながります。

【商品・サービス】

イノベーションマトリックスの中心となるのは「商品・サービス」です。中心となる「商品・サービス」は何か、私たちの中心事業の定義は何かを明確にします。また、商品名だけでなく、その特徴やコンセプトを書いていきます。

実は、サービス事業者や下請けをしている事業者において、自分たちの中心となる商品を明確に把握していないことがあります。見えないものには名前を付けて定義づけしていきましょう。

たとえば「クリーン解体サービス（解体）。特徴は①明瞭会計、②教育された従業員、③粉塵が少ない施工」といった具合です。特徴をまとめたオリジナルネームを付けることで差別化がしやすくなります。なお、サービスは有料と無料のものがありますが、ここでは、有料のものを意識してください。無料のものは、販売方法、販売促進の項目で考えていきます。

具体的問いかけ

○現在中心となっている、主な「商品・サービス」はどれですか?

○その「商品・サービス」のコンセプト（定義）は何ですか?

○その商品の顧客・消費者の課題を解決する、ニーズを満たす付加価値（ウリ）は何ですか?

○何か明確な差別化がありますか？
○品揃えやラインナップは適切ですか？
○パッケージやネーミングは適切ですか？

【調達・生産】

主力となる商品の原材料は何か、その商品自体や原材料をどのように調達しているのかを調べます。サービス業にとっては、知識や技術、ノウハウの仕入方法です。また、製造業や加工業の場合は、その製造方法や効率を検証してみましょう。もちろん、原価は安いに越したことはありませんが、一番重要なのは長期的に品質や物量が安定して供給できるか、ということです。

具体的問いかけ

○主力商品の原材料は何ですか？　何か特長（ウリ）はありますか？

○商品や原材料、サービスノウハウ（技術）は、①「どこから」②「どのようなカタチで」③「どのような条件で」調達しますか?
○生産効率や調達効率は適切ですか?
○生産・調達条件（金額・ロット等）はどのくらいですか?
○長期間において安定的に調達できますか?
○調達先への支払方法は適切ですか?

【課金モデル】

課金モデルは、主に、価格（値付け）と決済方法について考えます。現在の価格は競争力があるか、ということも大事ですが、最も重視してもらいたいのは価格の根拠です。とくに小規模企業では、価格の決定権がなかったり、いい加減に決めてしまっていたりします。売上は、商品単価と販売数の積ですが、販売数を上げようと躍起になる事業者は多いのに、単価を見直す事業者は少ない傾向があります。しかしここは収益率とも大きく関係しています。値入率（粗利益率）も意識して考えましょう。販売単位によっても、安く見えたり高く見えたりするので販売単位も意外と重要です。また、決済方法や支払方法についても確認しておきましょう。

具体的問いかけ

○販売価格はいくらですか？　競争力はありますか？
○どんな根拠（原価、競争、需要）で価格や見積を決めていますか？
○値入率（粗利益率）は何パーセントですか？
○販売単位（重さ、時間、大きさ、個数、回数、期間、一回に食べられる量など）は適切ですか？
○現在どんな決済方法（現金、カード、銀行振込、代引き、掛売、手形など）をしていますか？
○現在どんな支払方法（締日、支払期日など）をしていますか？

【お客様】

主な既存客について明確にします。とくに頻繁に利用してくれている固定客は、売上を安定させてくれます。新規客獲得のためには既存客への再販のコストの五倍かかるという一対五の法則を考えても、販売戦略は基本的に既存客が中心となります。また、新規客を連想するにも、既存客から考えることが多いので、そういった意味でも既存客を明確にすることは重要です。

具体的問いかけ

○主な既存客（取引先）はどのようなお客様ですか？　どのような特徴（傾向）がありますか？
○固定客はいますか？
○現在のお客様はあなたの事業のどんなところに満足していますか？
○現在のお客様はあなたの事業のどんなところに不満を持っていますか？

○現在のお客様はどんな時にあなたの事業を利用していますか？

【販売窓口・経路】

販売窓口とは、売り手とお客様が出会う場所です。顧客接点とも言います。また、物流や商流などの経路についても明確にしておきましょう。顧客接点は非常に重要です。「店をきれいにする」「ホームページを見やすくする」など、顧客接点を良くするだけで売上が上がることがあります。

具体的問いかけ

○店舗、訪問営業、商社、代理店を通じて、ホームページ、インターネットサイトなど、現在どのような販売窓口がありますか？

○その販売窓口は、どのような特徴（立地、コンセプト、見せ方、売り方・接客方法、営業時間など）がありますか？

○商品をどのように販売窓口に運んでいますか？　効率的ですか？
○どのような商流で販売していますか？　効率的ですか？

【販売方法・促進】

販売方法や販売促進について考察します。販売方法とは、誰が、何を、どのタイミングで、どんな条件で、どのように売るのかということです。販売促進とは、売上を上げるために働きかける方法で、①広告など「知らせる行為」②人的販売促進など「促す行為」③アフターフォローなど「知らせる行為」に分けると考えやすいかもしれません。無料サービスもここに含まれます。

具体的問いかけ

○販売、レンタル、リースなど現在どのような販売形態をとっていますか？
○現在どのように販売していますか？　何か特徴はありますか？

○過去に行った販売促進で効果的なものは何ですか？
○現在までに行った広告など「知らせる行為」は何ですか？
○現在までに行った人的販売促進など「促す行為」は何ですか？
○現在までに行ったアフターフォローなど「知らせる行為」は何ですか？

【有形資産】

現在持っている設備、施設、在庫などについて考察します。有形資産の中には、現金も入ります。現金の調達状況についても調べておきましょう。現預金はその他の有形資産とトレードオフの関係にあります。有形資産はそのほとんどが決算書に記載されています。参考にするといいでしょう。

具体的問いかけ

○現在、主にどのような固定資産（機械・設備、建物、車両、土地等）を所有していますか？　何か特徴はありますか？
○現在持っている有形資産の中で、不必要なものはありませんか？
○償却資産の償却状況はどうですか？（設備の老朽化度合はどうですか？）
○資本金はいくらですか？
○現預金はどのくらいありますか？
○借入金はどのくらいありますか？　資金繰りに問題はありませんか？
○商品、原材料の在庫量は適正ですか？
○商品・原材料はどのように在庫（在庫形態）していますか？
○売掛金や手形の回収状況に問題はありませんか？

【無形資産】

無形資産とは、文字通り「カタチのない資産」です。無形資産は目に見えないだけに十分に活用されていないことがあります。逆に、小規模企業であっても有効な活用を考えることで、規模の大きな企業に立ち向かう武器となります。これを機会に無形資産を棚卸しましょう。ノウハウやネットワークなど組織で共有しているものは無形資産、個人に属しているものは「ヒト」に分類しますが、小さな企業では無形資産とヒトの垣根が低く、どちらで考えても差し障りありません。

具体的問いかけ

○現在までに、どのような実績、業績、歴史がありますか?
○信用（ブランド）は蓄積されていますか?
○認知度はどのくらいありますか?
○どんなネットワークがありますか?
○ＩＴの利用度やＩＴリテラシーはどのくらいありますか?
○顧客リストはありますか?
○どのような企業文化がありますか?

○企業内の雰囲気はどうですか？
○どのような権利（借地権、営業権、知的財産権等）を有していますか？
○自社だから得られる有効な情報は何かありますか？
○無形資産の共有、承継するしくみはありますか？

【ヒト】

有形資産と無形資産をしっかりつないで、ビジネスモデルを下支えしているのが「ヒト」です。まさに縁の下の力持ちです。いくら良い有形無形の資産があっても、それを活用するのは人です。「事業は人なり」と言う理由がここにあります。どのような人がいるのか、今後必要なのか、だけでなく、人を活かす制度や組織についても考えていきましょう。

ヒトは「経営者」と「従業員」の二方向に分け、特徴や能力、資格などについても考えることが重要です。過去の経歴を参考にすることで、信用や技術、ノウハウなどを再認識することができます。

具体的問いかけ

○経営者はどんな特徴がありますか？　能力や適性、ノウハウや技術力、（専門）知識を有していますか？

○従業員は何人いますか？　従業員はどんな特徴がありますか？　能力や適性、ノウハウや技術力、（専門）知識を有していますか？

○組織体系（指示命令系統、責任と権限）はできていますか？

○制度（福利厚生、就業規則、仕事のやり方等）は適切ですか？

○従業員満足度（定着率）はどうですか？

○採用方法や育成方法に特徴はありますか？

続いて参考となる外部環境についても、現状分析をしておきましょう。

【市場】

イノベーションマトリックスでいうお客様が所属する市場を調べていきます。その際には経済産業省のRESAS（地域経済分析システム）などの統計データを用いるといいでしょう。データなどで冷静に状況を把握する他、身近なお客様予備軍を観察してその傾向を捉えることで、新たなビジネスチャンスをつかめるかもしれません。

具体的問いかけ

○市場の基本情報は把握していますか？（デモグラフィックデータ*、サイコグラフィックデータ*）

＊デモグラフィックデータとは統計学的に属性を見つけて、性別や年齢や住んでいる地域や所得や職業や学歴や家族構成などによって分析したデータです。

＊サイコグラフィックデータとは心理学的属性で、ライフスタイル、行動、価値観、個性、購買動機、商品使用程度などによって分析したデータです。

○その市場は現在どのような傾向（拡大傾向、縮小傾向）にありますか？

○今、その市場でどのようなことが起こっていますか？

【競合】

競合はどこかを考えます。現在のお客様の商圏などを参考に同業者から考えるといいでしょう。その特徴や傾向を捉え差別化戦略の参考にします。また、その商品・サービスやビジネスがなかったら何を利用するかを考え、代替品を明確にしましょう。発想力を活かし代替品は何かを考えましょう。

具体的問いかけ

○競合する同業者はどこですか？（数、具体名、特徴、傾向）

○代替品は何ですか？（品目名、特徴、傾向）

【パートナー】

パートナーは「生産パートナー」「販売パートナー」「その他パートナー」の三方向から考えます。「生産パートナー」は仕入先や外注、下請けのことで、とくに重要です。その特徴や動向にも注目しましょう。「販売パートナー」は棚貸しや代理店、フランチャイズ先のことです。売り先であるお客様やチャネルである販売窓口と明確に分けて考えましょう。「その他パートナー」は金融機関や会計事務所、商工会・商工会議所などの専門家や支援機関、大学などの機関のことです。近年、「その他パートナー」の事業に対する影響が大きくなっていますので、どこと組むのかはとても重要です。

具体的問いかけ

○仕入先はどこですか?（特徴、傾向、取引条件）
○外注、下請け、ＯＥＭ先はどこですか?（特徴、傾向、取引条件）
○棚貸し、代理店、フランチャイズ先などの販売パートナーはどこですか?（特徴、傾向、取引条件）
○取引先金融機関はどこですか?（特徴、傾向、取引条件）
○契約先会計事務所はどこですか?（特徴、傾向、取引条件、支援内容）

○その他専門家や支援機関はどこですか？（特徴、傾向、取引条件、支援内容）

【その他　外部環境】

「その他　外部環境」として、景気や為替などの経済的な状況、税や法律などの政治的な状況、流行や価値観の変化などの社会的な状況、新技術開発・技術発展などの技術的な状況、災害や天候傾向などの自然的な状況、懸念されるリスクなどを考え、自分たちを取り巻く状況（外部環境）を明らかにします。

具体的問いかけ

○経済の状況はどうですか？
○原材料、エネルギー、為替などの相場はどうですか？
○法律や税制に何か重要な変化はないですか？
○人々の価値観は（一般的に）どのように変わっていますか？

○人々の行動は（一般的に）どのように変わっていますか？
○どのような技術が開発されましたか？　どのような技術が発展してきましたか？
○天候などの自然環境の傾向がどう変わりましたか？
○その他何か懸念される外部環境のリスクがありますか？

いかがでしたか、項目を定めて一つ一つ検討していくことで、現状がよく見えてきたかと思います。

4 課題解決からのカイゼン

カイゼンとは

現状分析をしていると、同時に課題も明確になっていきます。この課題を一つ一つ解決していくことで、業務効率が上がったりリスクを避けることができたりして、どんどん事業がカイゼンしていきます。カイゼンは現在の事業をより品質を良くしたり、より安くしたり、より早くしたり、より効率的にしたりして、「より良くすること」です。カイゼンは日本発の日本を代表する経営手法です。

ただし、課題が一つでもあったらいけないとは考えないでください。事業を運営していれば、課題はつねに出てくるものです。課題は単なる弱みや問題とは違い、解決することで育つカイゼンのタネです。むしろ、「課題が見当たらない」「隠れてしまっている」「見ようとしていない」ことが問題です。まずは、すべての課題を「見える化」することを心がけましょう。イノベーションマトリックスの項目を意識して考えることで、課題の発見も進むでしょう。

九マスを使って課題解決

ある一つのマスの中で解決策が考えられない課題は、細かく分解したり、原因を考えたり、イノベーションマトリックスの他のマスを使ったりして解決することを考えましょう。視点を変えることで、解決策が誘引できます。

たとえば、生産調達のところで、「生産効率が悪く、原価率が上がっている」という課題が出たとしましょう。もちろん、生産調達のマスの中で「どのようにすれば効率が上がるのか?」と考え

お客様・ターゲット	販売窓口・販路	販売方法・促進
→どのような会社と取引すれば、生産効率の良い商品を受注できるだろうか?	→直接取引に切り替えるのはどうか?	→どんな販売活動(契約)をするようにすればいいのか?
調達・生産	商品・サービス	課金モデル
生産効率が悪く、原価率が上がっている →どのようにすれば効率が上がるのか?	→どの商品の販売比率を上げれば、生産効率が上がるのか?	→手形回収をなくせば、結果的に粗利益が取れるのか?
有形資産	ヒト	無形資産
→どんな設備投資をすれば生産効率が上がるのか?	→どんな教育をし、どのような人事体制を組めば生産効率が上がるのか?	→過去の事業から得たノウハウに今回の生産効率を上げるために参考となるヒントはないか?

図8【生産の課題を九マスに展開する】

てもいいですが、他にも、商品・サービスにおいて「どの商品の販売比率を上げれば、生産効率が上がるのか？」とか、課金モデルにおいて「手形回収をなくせば、結果的に粗利益が取れるのか？」と検討することで解決できるかもしれません。

他にも、お客様「どのような会社と取引すれば、生産効率の良い商品の受注ができるだろうか？」、販売窓口・販路「直接取引に切り替えるのはどうか？」、販売方法「どんな販売活動（契約）をすればいいのか？」、有形資産「どんな設備投資をすれば生産効率が上がるのか？」、ヒト「どんな教育をし、どのような人事体制を組めば生産効率が上がるのか？」、無形資産「過去の事業から得たノウハウに今回の生産効率を上げるために参考となるヒントはないか？」などが考えられます。

第四章

アイデアを考えるヒント

1 イノベーションへのアイデアを引き出すポイント

イノベーションとは

カイゼンは、素晴らしい日本の経営文化です。しかし、今までの延長戦上では、未来がない、または疲弊していくことが目に見えている事業もあります。また、今までのやり方を工夫しながら一生懸命やっているだけでは突破できない問題も増えてきました。今までやってきたことをやみくもに進むだけでは、かえって問題が大きくなることもあります。

そこで、今までにはなかった新たなことを行い、ベクトルの方向を変えて進み、最終的にはガラッと事業を変える考え方がイノベーションです。つまりイノベーションとは、今までにやってこなかった新たな取組みに挑戦し、試行錯誤しながら、結果的にあるべき姿（ビジョン）へと向かって、まったく異なるビジネスモデルをつくることです。

今までと違うことを行い、まったく異なるビジネスモデルを創ると言っても、今までのビジネスを全否定し、一からまったく別の新たなものを作り上げようというのではありません。むしろ、そんなことをしてしまえば、成功確率が低く、リスクが大きいものになってしまいます。いきなり業種を変えたり、今までやったこともないことに手を出したりするのは大きな危険が伴います。予算もかかりますし、人やノウハウもありません。

イノベーションとは、たとえば、不健康な方が健康になる過程において生活のリズムを変えるように、何か小さなルールやちょっとした取組みを取り入れたり、普段行っていることの順番を変えたりすることで、ゆくゆくは大きな変化と効果を呼び込むものです。経営におけるイノベーションも「経営のリズムを変えること」と言えます。

イノベーションのはじまりは小さなことかも

多くのイノベーションのきっかけは、本当に小さいことだったりするのです。とくに小さな事業のイノベーションでは、「小さな変化を事業に取り入れ、それをきっかけに、五年ほどかけて事業を変えていき、最終的には事業全体を大きく変える。」という流れで行われま

す。ちょうど、池に小石をいれ、波紋が広がり、池全体の様相が変わっていくようなものです。（図9）

ここで大事なのは、いかに質の良い小石を選ぶかということです。質の良い小石とは、付加価値が高く、決定的な差別化につながるものです。この小石がイノベーションのアイデアです。この小石は、イノベーションマトリックスの九つのマスのどこかにあります。どこからでも構いませんので、より良い小石を探しましょう。

そして重要なのは、波紋を確実に広めていくことです。池は小石を入れれば必ず波は立ちますが、これをきれいな波紋にして、池の隅々まで浸透させ、池全体でバランスのとれたきれいな波紋を描かなければなりません。これが事業をビルドするということです。イノベーションマトリックスの九つの

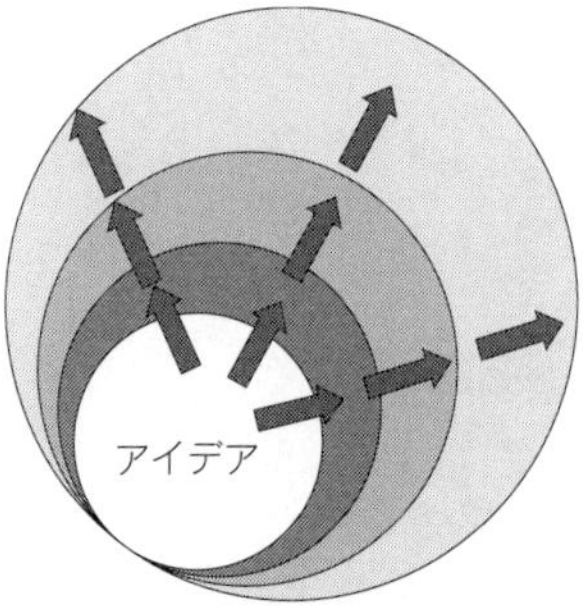

小さな行動でも全体に波紋のように広がっていく

図9【アイデアが波紋のように広がっていく】

マスは連動しています。どこかのマスに変化を及ぼすようなことがあれば、他のマスにも手を入れなければなりません。逆に、どこか一マスにでも新たなアイデアが思い浮かべば、連動して他のマスも変えていくことで、素早く新たなビジネスモデルをビルドしていけるのです。

また、たまたまいいアイデアを得た時も、アイデアを実行すべきか悩んだ時も同様です。アイデアをアイデアのままにせず、イノベーションマトリックスを使って事業をビルドし、ビジネスモデルとして考えてみましょう。すぐに九マスのバランスが取れたり、九マスの中に付加価値や差別化ができることがあれば、それは有望なビジネスアイデアです。逆に、どこかが明確にならなかったり、どこかのマスに決定的な弱点が見つかったりした場合は、そのままでは困難をきたします。

続いて、九マスにおいて、それぞれの考えるポイントを明らかにしていきます。これらのポイントを考えていくことで、アイデアが誘引される確率が上がります。この中から一つでもアイデアが誘引されれば、他のマスへ展開してビジネスモデルをビルドし、イノベーションへ向かいます。

2 その商品本当に売れるの？
――商品・サービスから考えるアイデア

実は、商品・サービスそのものにおいて、付加価値を持った差別化を考える切り口はわずか三つしかありません。それが、「機能」「品質」「デザイン」です。この三つを覚えておけば、商品の取捨選択をするときも、新たな商品を企画するときも、ライバルの商品を評価するときにも役立ちます。（図10）

機能における差別化

「機能」による差別化は、「イエス」「ノー」で認識されてしまう絶対的なものです。競合にはできないことが、自社商品でできたら、誰でもわかる明確な差別化要因になります。たとえば、「当社の炊飯器はパンが焼ける機能があるけど、ライバル社の炊飯器にはその機能がない」といったことです。

食品であれば、原材料や栄養素の有無も機能的差別化要因となります。たとえば、「私たちの商品には、ミネラルが豊富に含まれているため、若々しいお肌を維持することができます」といった感じに、その結果、どのような効果の差が出るかを明確にできれば、さらによい差別化となります。

「機能」における差別化はその機能に価値を感じるお客様にとって決定的なものになります。技術面やコスト面の課題が出やすい一番難しいと言われている差別化の方法ではありますが、まずは「機能による差別化は得られないか」を検討するのがいいでしょう。

ただし「機能」による差別化に関しては、それが際立っていればいるほど相手はつぶしにかかってきます。似たような商品や廉価版を出し、その特長を消してくるかもしれませ

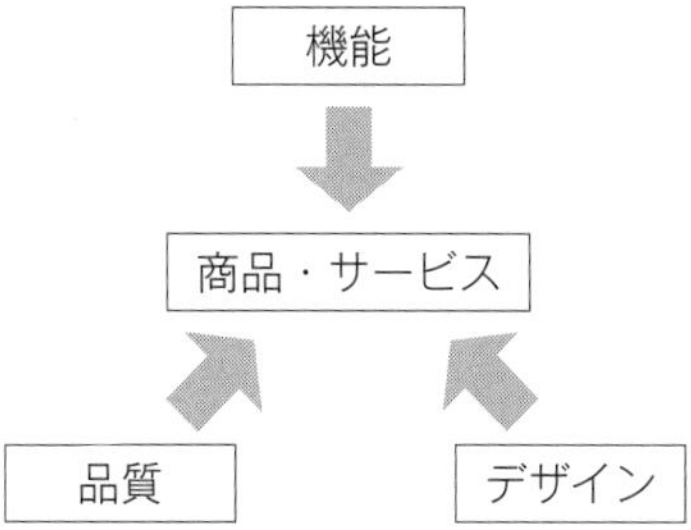

図10【商品・サービスの差別化を考える三つの切り口】

ん。たとえ決定的な機能的差別化を持っていたとしても、永遠にその優位性が続くわけではありません。優位性を保っている間に、次の手を打っていきましょう。

とくに小規模企業の場合、面倒なこと、リスクだと思うことだけれど付加価値の高いことをあえて行うことで、機能的差別化を取ることができます。同じような業種であれば、こちらが面倒なことは相手も同じように面倒なものです。あえてそれを行うことで機能的差別化を取ることができます。たとえば、ラーメン屋において、毎日数時間かけてスープを作るのは誰しもが面倒です。近年は、簡単なスープ素材もあり、数時間かけずともそれなりのスープができます。しかし、そこをあえて時間かけることで、他にはない本格的なスープができるとすれば、それは大きな機能的差別化になります。同業者にとってやってやれないことはないかもしれませんが、やり続けられる人は意外と少ないものです。

品質における差別化

「品質」による差別化は、一般的かつ使いやすいので多くの場面で見られます。「機能」が絶対的な差別化であるのに対して、「品質」は相対的なものです。

「品質」を重視することはとても重要なことです。しかし、現代、質の良さだけではなかなか差別化されません。「品質」が良いことは、「土俵に乗るための最低要因」、すなわち、競争に参加する当たり前の条件です。ただでさえ、品質が良いもののなかにあって、さらに品質だけで際立たせることは困難なことです。したがって、品質だけで勝負することはたいへん難しいと言わざるを得ません。

また、「品質」における差別化を、お客様がいつも正しく評価してくれるとは限りません。さすがに大きな差があればわかりやすいのですが、そもそも品質が良いもの同志の戦いなので、大きな差はあまりありません。また、仮に品質が悪い商品があったとしても、その差は時間とともにみるみる埋まっていき、小さくなっていきます。逆転までしなくとも、差が小さくなると、プロである作り手や売り手よりも情報量が少ないお客様にはわからないかもしれません。

デザインにおける差別化

最後は「デザイン」での差別化です。「デザイン」と言っても、単純に形や色などの「見た目」のことだけではありません。感覚的な「トータルイメージ」や「コンセプト」まで含みます。デザインが気に入って商品を選んだお客様は、単純に「色が気に入った」とか「角の丸みが好きだ」いった見た目のことだけでなく、「何となく使いやすい」とか「イメージが良い」といった感覚的なイメージとを総合して判断しています。たとえばクールジャパンの商品は見た目の美しさもさることながら、商品へのこだわりや職人の製作工程、質感などがデザインとして総合的に評価されているのです。

普段あまり目にしない機械設備のように実用性が重視されているようなものであっても、デザインは重要です。機械設備にとって使いやすさもデザインの一要素だからです。デザインが良い商品は、良い商品であればあるほど使われる頻度が上がるため、その良さが使用者に伝わります。また、機械設備にとって見た目の美しさや雰囲気の価値は思っているより大きいと言えます。

また、パッケージもデザインの一端です。パッケージは商品の売れ行きに大きな影響を及ぼします。しかし、だからと言って販売促進機能だけを考慮してパッケージを作ると大問題になる可能性があります。

パッケージの機能は、「販売促進機能」の他にも、「商品保存機能」と「物流機能」があります。パッケージは、商品の劣化をある程度防がなければならず、とくにネット販売が盛んになった現代においては、物流もできるだけ効率的にしなければなりません。販売促進のためにパッケージを変更した結果、保存期間が極端に短くなってしまったり、物流コストが上がってしまい、かえって競争力を失ってしまった例も数多くあります。

サービスにおいても、「デザイン」による差別化は、たとえば、ユニフォームや店舗など単純に目に見えるものの見た目だけではなく、サービスエンカウンター（実際にサービスをする人員）の清潔感、話し方、におい、キャラクター、空間の雰囲気、サービスの安心感などを総合的に考える必要があります。

近年ますます、「デザイン」の重要性が増しています。「デザイン」での差別化を打ち出す際には、単に、デザイナーに「きれいなお絵かき」をしてもらうのではなく、コンセプトやイメージに多大な影響を与える「ネーミング」、その商品の根底に流れている魅力ある「ストーリー」などを十分に考えなければなりません。

3 供給は大丈夫？

――調達・生産から考えるアイデア

調達方法を工夫する

「利は元にあり」と言いますが、古今東西、成功しているビジネスモデルは、調達に特徴があります。一方で、小規模企業を見ていると仕入に関して貪欲に考えている会社は少ないのが現実です。

「利は元にあり」とは、「利益は上手な仕入から生まれる。まず、良い品を仕入れる。しかも、できるだけ有利に適正な値で買う。そこから利益が生まれてくる」という意味です。

これは、下請けや仕入れ業者から安く買いたたけ、ということではありません。それでは、仕入先との良好な関係が築けなかったり、仕入先が倒産してしまったりして、長期的に良い仕入れができないからです。たとえば今まで一般的な市場で仕入を行っていた事業者が、漁師から獲った魚を船一隻分買う仕入れ方にするなど、良いものが安く手に入る有利な

「しくみ」を作ることができれば、安く売っても利益が確保できるので、大変有利なビジネスモデルになります。

また、調達においては、「安定」が大事です。どんなに良い商品であっても、安定した原材料が調達できず生産できなかったり、商品自体が調達できなかったりしたら、品切れになり、チャンスロスを起こし、思ったような売上を上げることができません。また、季節変動も注意しなければなりません。季節商品は、「限定」などの付加価値や差別化を打ち出しやすく短期間には爆発的に売れるかもしれませんが、年間を通じると、思ったより売上が上がっていないことがあります。長期間売れるようにしたり、加工品を作ったりするなどの工夫が必要です。

生産方法を工夫する

何かの生産や加工をすることは、商品に価値を加えることですので、付加価値が上がります。したがって、ビジネスモデルに何らかの生産部分を入れることで有利に展開できる可能性があります。また、生産効率を上げることで原価を下げられますので、安く販売したり、利益を確保したりでき、有利に展開します。しかし、もともと製造業は製造原価を下げることには高い関心があり、変動費率はおおむね決まってしまっています。したがって、今までと同じやり方をしていたのでは劇的に下がることはありません。生産性を上げるには、発想を変え、今までと違う画期的な方法を取り入れたイノベーションをするしかないのです。

生産性向上の考え方の一つにロスの排除があります。ロスとは無駄のことですので、コストと違い、必要な部分がありません。したがってゼロを目指します。

ロスには、不良在庫によるロスや、不良品が出てしまうことのロス、無駄な作業ロスなどの「見えるロス」とチャンスロスや心理ロスなど「見えないロス」があり、これらは往々にしてトレードオフの関係にあります。つまり、見えているロスを減らそうとすると見えないロスが増え、全体効率が落ちることがあるのです。「見えるロス」と「見えないロス」双方を意識した適切なロス管理が求められます。

たとえば、ある有名なスーパーマーケットでは、商品の廃棄ロス、値下げによるロスの目標値を売上高の二〜四パーセントに設定しています。ロスですから、少なければ少ないほどいいと考えがちですが、廃棄ロスが少なすぎるということは「お客様の利益を吸収してしまっているのではないか」「商品を欠品させてチャンスロスが生まれているのではないか」という二つの問題があると考えているのです。そのスーパーでは、それが人事考課に反映され、四パーセント以上はもちろんのこと、二パーセント以下でも評価が下がってしまいます。

まずは「見えるロス」から考えていきましょう。

【見えるロス】

①不良ロス…不良廃棄、不良手直し、歩留まりの悪さ、スクラップの発生
②段取りロス…段取りや作業手順が悪いために引き起こされるロス
③在庫ロス…不良在庫や過剰在庫による廃棄、値引き
④作業ロス…無駄な作業をすることによるロス

⑤外注ロス…外注量や外注項目の選定ミスによるロス

このように「見えるロス」は私たちが一般的に思い浮かべるロスです。目に見えるロスは、組織として課題の抽出と目標管理を用いて低減させることができます。経営効率化のために定期的に管理していきます。

次に「見えないロス」について考えてみましょう。

【見えないロス】

①過剰品質ロス…設計余裕の取り過ぎによる過剰機能・過剰品質、余計な開発、事業発展と無関係な投資

②作業工程ロス…作業中に起こる標準作業方法の無視、設備スピードをフルに使わない機械スピードのロス、製造工程のバラツキによる保留ロス

③余裕人員ロス…人が余っていることによるロス

④賃金構成ロス…賃金の高い作業員の配置、能力や賃金に合わない業務をさせることによるロス
⑤間接業務ロス…過度な間接業務
⑥チャンスロス…ほんとは売れたのに在庫がないために売上が上がらないロス
⑦心理ロス…心理的負担が大きいことによる作業効率の悪さ

「見えないロス」は発見が難しく、また、意識していなければ改善できないものなので注意が必要です。また、「見えるロス」は誰でも現場レベルで管理、改善することができるのに対し、「見えないロス」は、経営者、管理者レベルが意識していなければ改善することが難しいのが特徴です。

4　もっと高く売れないか？
——課金モデルから考えるアイデア

意外と安く売っているのかも

「課金モデル」は、商品・サービスをどのように「お金」にするのかということです。お客様に提供した価値を「いくらで（How much）」、すなわち「価格」と、「どんな形で（What）」受け取るのか、すなわち「回収方法」を考えます。また、「どのタイミングで（When）」、「どこで（Where）」、「誰から（Who）」、「どんな理由で（Why）」、受け取るのかも工夫できる可能性がありますので、５Ｗ１Ｈすべてにおいて考えるようにしたらいいでしょう。

まずは「価格」についてです。ほぼすべての事業において、売上を上げることは最重要項目です。売上は「商品単価」と「販売個数」の積で計算することができます。しかし、販売個数を上げることについて十分考えられていたとしても、ほとんどの事業計画書が、商品単価について深く考えられていません。一〇パーセントも販売個数を伸ばすことは並大抵ではありませんが、もしかしたら知らず知らずのうちに、適正価格よりも一〇パーセント以上安く販売してしまっているかもしれません。

現状分析をしていると、実に多くの小規模企業が、安易に値付けをしていることに驚かされます。ずっと価格決定権がなかったがために、「価格について考えてもいいの？」と質問してくる事業者さんもいるほどです。

価格は商品平均単価や売上、利益などビジネスに大きな影響を及ぼします。「値決めこそ経営者の仕事」と言われるくらい価格について考えることは重要であり、ここを強化することによって、戦略を優位に進めることができます。

お客様を無視することはできませんが、戦略的に価格を決めることができなければ、すぐに価格競争に巻き込まれ、利益率の乏しい事業となってしまいます。

価格を考えるときは、「価格の根拠」「課金する対象」「課金する単位」の三つが大切です。

価格の根拠

実は、経営学には、価格決定についての有効な基準や手法はいまだに存在しません。決定的な手法が確立されていない以上、経営の基本的なアプローチである「仮説・実行検証・ノウハウ化サイクル」に基づいて考えていきます。仮説出しの段階において、後に検証、修正（新たな仮説出し）をするためにも、「この価格の根拠は何なのか」を明確にしておくことが肝心です。

価格の根拠は、「原価」「競争」「需要」の三要素で九九パーセント決まっています。「原価」は最もスタンダードな決定方式で、原価を計算し、予定利益を足したり、予定利益率をかけたりして価格を決定する方式です。「競争」は、既存製品やライバルと比較し、安く設定したり、逆に高級に見せるために高く設定したりする方式です。「需要」は、お客様の懐具合や感覚を考慮して、このくらいであれば買ってくれるだろうと予測し設定する方式です。

また、価格に関しては、顧客満足や顧客感動を基準に考えてはいけません。価格においてお客様につねに満足してもらおうと考えると、事業の適正利益が取れなくなってしまう危険があります。ましてや顧客感動を価格で起こそうとしたら、事業自体が成立しないかもしれません。

「商売というものは、値段を安くすれば誰でも売れる。しかし、それでは経営ができない。お客様が納得し喜んで買ってくれる最大の値段。それよりも低かったら、いくらでも注文は取れるが、それ以上高ければ注文は逃げるというぎりぎりの一点で注文をとるようにしなくてはならない。」

これは稲盛和夫さんの言葉ですが、適切な販売価格とは、「お客様に納得していただける最大の値段」と言うことができます。お客様を納得させるためには、なぜこの価格になっているのかという「価格の根拠」を明確に決めておき、それらをお客様に伝えるための「言葉による説得（手段）」が必要となります。つまり、お客様から価格が高いと言われたときに、どのような表現をすれば、値下げをせずにお客様に適正な価格だと納得していただけるかを、あらかじめ考えておくことが重要です。顧客納得価格を考えていくのです。

課金する対象

次に、何に対して課金するのか、どんな理由で支払ってもらうのかを考えましょう。ビジネスは価値とお金または無形資産との交換です。どこかで課金することで成立しています。しかし、課金の方法は何種類も存在します。たとえば、セミナーにおいても、①セミナー参加費として個人に課金する、②人材育成費として企業に課金する、③参加費用は無料とし、テキスト代に課金する、④参加費用、テキスト代は広告宣伝費として考え、その後の商品・サービス（コンサルティング契約等）に課金する、⑤セミナー自体はすべて無料とし、主催する行政などへ課金する、などの課金方法が考えられます。課金方法によって価格やお客様のとらえ方が大きく変わるので、課金方法を考えることは重要なポイントです。

課金する単位

また、課金する単位も重要です。単位をどうするかによっても、お客様のとらえ方が大きく変わります。たとえば、惣菜屋が鶏の唐揚げの価格を決める時に設定する単位には、「一個あたりの単位」「一〇〇グラムあたりの単位」そして、「お客様が一回の食べる量を基準に、唐揚げ弁当一パックいくらという単位」などがあります。

どの単位にするかによって、割高に感じたり、逆に割安に感じたりするので、お客様の購買に大きな影響を与えます。他にも、一ゲームあたりいくらという設定から、時間あたり何ゲームやっても同じ価格設定にしたボーリング場や、食べ放題にした中華レストランなど、単位の工夫が大きなビジネスチャンスになっている例が数多くあります。どの単位がお客様への訴求力が高いのか、他の単位は考えられないかをつねに検討することを心がけるといいでしょう。

単位の例

□重さを基準にして、一〇〇グラムあたりいくらという設定にする。
□時間を基準にして、一時間あたりいくらという設定にする。
□長さを基準にして、一メートルあたりいくらという設定にする。

□個数を基準にして、一つあたりいくらという設定にする。
□人が食べられる量を基準にして、一食あたりいくら、または食べ放題という設定にする。
□回数を基準にして、一回あたりいくらという設定にする。
□期間を基準にして、一か月あたりいくら（で使い放題）という設定にする。
□（一か月あたりだと高く感じてしまうので）一日あたりいくらという設定にする。

回収方法

課金モデルにおいて、価格と双璧をなすものが「回収方法」です。いくら売上が上がったとしても、お金の回収がままならない状況であれば、利益は出ませんし現金も不足してしまいます。販売した時に商品やサービスと現金を交換する現金商売であれば、回収漏れのリスクはほとんどありませんが、お客様の利便性や自分たちの業務効率を考えると、業種業態にもよりますが、現金商売は必ずしも最適とは言えない場合もあります。

回収方法に関して、考えるべき項目は、「決済方法」と「支払方法」です。

まず、「決済方法」ですが、現金決済にするのか、カードなのか、掛売なのか等を検討することです。他にも、銀行振込、代引き、手形、コンビニ決済、電子マネー決済などがあります。回収方法は、コストも重要な判断基準ですが、お客様の利便性と大きく関係します。もちろん便利な決済方法があれば、顧客満足度は向上しますが、ビジネスの現場を見ていると、お客様の望む回収方法がないことでビジネスチャンスがなくなることさえあります。たとえば、ネットでモノを買う時に、カード決済がなく銀行振込のみのため、買うこと自体をあきらめたという声もよく聞きます。

「支払方法」において重要なことは、締日と支払日です。現金の回収が遅れれば遅れるほど、企業は多くの現金を用意しなければなりませんし、回収コストや支払ってもらえないリスクなども上がりますので、なるべく早い回収を目指すのが基本です。ただし、リボ払い手数料無料サービスなど、逆に、回収期間を緩くすることで、お客様の利便性や満足度を高めているサービスもあります。

5 誰に売ればいいの？
——お客様・ターゲットから考えるアイデア

適切なターゲットを設定する

ビジネスモデルのお客様は誰かを具体的に設定します。ターゲットが漠然としていると、想定するお客様のキモチがわからず、何をすればいいのかが定まりません。

たとえば、自社の強みである縫製技術を活かして、ビジネスシーンでも使える高級Tシャツを作って販売するとしましょう。しかし、ターゲットを定めていなかったり、女性といった漠然としたものだったりした場合、どんなものをつくったらいいのか（商品、生産）、いくらで販売するのか（課金モデル）、どこで（販売窓口）、どのように販売すれば（販売方法）いいのかが明確に決まりません。

当然、有形資産、無形資産、ヒトなどのイノベーションマトリックスのマスも定まりません。

しかし、ターゲットを「服装に気を遣うクリエイティブな女性起業家」と定めれば、お客様のキモチを想像でき、商品の特徴や素材、販売価格や販売窓口、そこでの販売方法などのアイデアが出てきやすくなります。つまり、ターゲットは他のマスを決めるために設定するのです。したがって、これらの決定に結びつかないようなターゲット設定は意味がありません。

ターゲットの定義は、「今回とくに売りたい人」です。ここで重要なのは、「今回」「とくに」「売りたい」の三つです。

まず「今回」についてですが、ターゲットは、時間や企画ごとに変更することが可能です。もちろん、同じターゲットを選び続けることもできますが、今週はこのターゲットに重点的に販売することを考え、次週は違うターゲットに重点的に販売することを考える、といったように意図的に変更しても構いません。ターゲットは必ずしも一つのビジネスモデルに一つとは限りません。むしろ、複数ある方が普通です。

たとえば、市場が多様化しているスーパーマーケットは、一年間の大半は近所の主婦にターゲットを定めたチラシ特売ですが、年に数回は高齢者や子供にターゲット設定するなど、ターゲットを変更しながら販売促進をしています。

次に「とくに」についてですが、ターゲットは「とくに」売りたい人を定めるのであって、それ以外への販売を阻むものではありません。ターゲットを設定すると、他のお客様には売れなくなるのではないか、と懸念する方もいますが、ターゲットは、「今回」、「とくに」売りたい人です。繰り返しますが、戦略を決めるために用いたものであって、実際にターゲット以外のお客様が購入した場合は、それも重要なノウハウになります。

たとえば、スーパーマーケットにおいて、夜帯のサラリーマンにアツアツの鶏の唐揚げを用意していたところ、結果的に仕事帰りの主婦層が主に買っていった場合、「夜のできたて惣菜は男性客（サラリーマン）が買うと思っていたが、主婦にもニーズがある」というノウハウが生まれます。単純に「夜に鶏の唐揚げを売り切る」のと、ターゲットを定め、「戦略的に販売する」のとではノウハウの蓄積に大きく差が出ます。

最後に「売りたい」についてですが、市場は市場調査という言葉からもわかるように、

「誰に売れているのか」「誰に売れるだろうか」と調べる対象であるのに対し、ターゲットは「誰に売りたいのか」という売り手の意思を明確にしていくものであって既存データなどから考えられる「売れそうなお客様」ではありません。ただし、戦略的な売り手は「売上を上げたい」ので「売れそうなお客様」と「売りたいお客様」が一致することも多々あります。

このようにメリットが多いターゲット設定ですが、仮にターゲットを定めない場合は、多様な集まりである「市場」全体に対してアプローチすることになります。計画があいまいなものとなり、効果を期待しづらいだけでなく、大きなコストを要してしまいます。

ターゲットのキモチを捉える

ターゲットを明確に定めたら、そのライフスタイルや思考性向（考え方）、行動傾向などを調査し、商品が決まっているならその利用シーンを想定して、ターゲットのキモチを把握します。

キモチとはニーズ、ウォンツの事ですが、ニーズとウォンツは違います。ニーズは強引に翻訳すると「必要性」です。人はどんな時に必要に駆られるかというと「困ったとき」です。つまり、ニーズの反対にはストレスがあります。

人はつねにニーズを意識しているわけではありません。多くの場合、困ったことがあって初めてその必要性に気づきます。つまり、ニーズを聞き出そうとしても、普段から困っていること以外は、なかなか本音が出ないものです。ところが、ストレスは違います。見た目でも推察できることがありますし、困ったことを聞けば話してくれるものです。したがって、ニーズの把握は、アンケートなどで「何が必要か」を聞くのではなく、困っていることを聞き、ストレスをキャッチすることが最適です。

ニーズに対応するだけでもビジネスモデルはできますが、それでは課題解決型のビジネスとなり、比較的小規模のものになりがちです。できれば、人々の新たな欲求を創り出し、そこにビジネスモデルを創っていきたいものです。

ウォンツは、何もないところから急に生まれることは稀です。ほとんどのウォンツは、情報や提案が先にあり、その後創り出されます。

たとえば、私の六歳の息子はテレビゲームに夢中ですが、六歳児が急に特定のゲームをしたくなるわけではありません。そこにはＣＭやユーチューブや保育園での話題があり、このゲームを持てばこういうことができるという情報があったから欲しくてたまらなくなったのです。そういう意味では、近年、ユーチューブでのゲーム画像が大量に出回っているのも合点がいきます。

ウォンツを創り出したビジネスモデルは、ニーズに対応したものと比べ規模が大きくなりやすく付加価値も比較的高い傾向にあります。したがってウォンツの捉え方は、欲しくなるものの仮説を出し、情報提供や提案をすることで確かめる、または、創り出す方法で行います。

6　どこで売る？
―販売窓口・販路から考えるアイデア

販売窓口は近さが重要

販売窓口は、店舗、訪問販売、代理店、ネット上など、お客様に直接、商品・サービスを販売するところです。その立地はどうか、コンセプトはどうか、接客方法は適切か、商品・サービスの見せ方は適切か、営業時間は適切かなどを見ていきます。すでにターゲットが集まっている場所と、これから集めなければならない場所での戦略が異なるように、立地ごとに適した戦略を考えなければなりません。その中でも、ターゲットとなるお客様からみた販売窓口へのアクセスはとくに重要です。物理的利便性だけでなく、心理的な近さも考えましょう。

たとえば、当社は埼玉県の大宮駅近くに事務所を構えています。もちろん、お客様が訪問した時の利便性を考慮したものでもありますが、心理的近さを十分検討しました。当社の重要なターゲットは東北、北陸の中小企業経営者です。その方々が上京するときに新幹線を使えば必ず大宮に停車します。また、大宮－東京間は、新幹線と在来線で乗車時間があまり変わりません。近年は大宮で新幹線を降車し、在来線に乗り換える方も多くなっています。そこに事務所を構えることで利便性もさることながら、心理的に親近感を感じることができます。

顧客接点を徹底的に強化する

販売窓口のように、売り手側と買い手側が接する点を「顧客接点」と言います。お店で販売する場合は店、営業がお客様のところへ赴く場合は営業人員、通信販売の場合はカタログ、ネット販売の場合はホームページや販売サイトといったように、お客様と販売側は必ずどこかで接点を持っています。顧客接点は販売上、重要なポイントです。「売上を上げる最短の行動は、顧客接点の徹底的強化だ」と言われるほどです。まずは、自分のビジネスの顧客接点を探し出しましょう。これで過不足ないか、適切かを検討します。続いて、店を整理整頓したり、営業に持たせる資料の見直しをしたり、ホームページを改良したりするなど、顧客接点をより良くしていくことを考えることで販売が優位に進んでいきます。

ここで重要なのは優先順位です。たとえば、仮に九九パーセントが店頭販売、残り一パーセントがネット販売だとします。店売りが日に日に減少しているので、ホームページに投資して売上を上げようとしたとしましょう。この場合、「店では、やれることをやり切ったので、さらにホームページを」ということでしたら問題ありませんが、店においてやり残したことがあるのであれば、一パーセントの売上しかあげていないネット販売に期待するよりも、現在九九パーセントの売上を上げている店を良くすることに投資した方が、一般的に投資効果が高いと思われます。

他のチャネルがないかを検討する

実は、お客様へモノやサービスを販売するチャネルは、わずか四種類しかありません。一つ目は、営業などこちらからお客様のところへ行くもの、二つ目は、お店などお客様に来てもらうもの、三つ目は通信販売やインターネット販売などバーチャルなもの、四つ目は、お客様が集まるところにいくものです。

商品やサービスの特性を考え、適切な販売チャネルを四つの中から一つまたは複数持ちます。まずは、すでに持っている販売チャネルは四つのうちどれかを考えます。複数あるかもしれませんが、必ずこのどれかに軸足があるはずです。軸足となるチャネルを変えることは大きなリスクを伴いますので、基本的には軸足を維持したまま、それ以外のチャネルも考えていくようにするといいでしょう。チャネルが増えることでお客様の幅が広がる可能性もあります。

お店で野菜を販売している八百屋さんの販売チャネルは、「お客様に来てもらう」です。まずは、どうやったらお客様にもっと来てもらえるかを考えた上で、他の販売経路も検討してみます。たとえば「お客様のところに行く」であれば、訪問販売の検討です。また、「バーチャル」であればネット販売の検討、「お客様の集まるところに行く」でしたら、商工祭などに出店する、ショッピングモールにテナントを出す、移動販売車を検討するなどです。

7　どうやって売る？
──販売方法・促進から考えるアイデア

四つのエンジンを回し続ける

販売促進の目的は売上を上げることです。売上は「客単価」と「客数」の積で表すことができます（図11）。また、客単価は「（買上平均）商品単価」と「（平均）買上点数」の積、客数はお客様の頭数である「顧客数」と既存客の「購入頻度」、新規客の「購入率」の積で考えることができます。

したがって、売上を上げるには、次の四つの項目、「商品単価」、「買上点数」、「顧客数」、「購入頻度又は購入率」をそれぞれ上げればいいと言えます。

「そんなことはわかっている」と思うかもしれません。そこが問題なのです。つまり、「なぜこんなにわかりやすいことを多くの事業者ができずに悩んでいるのか」ということが重要なのです。それはこれら四つの項目に「トレードオフの関係」があるからなのです。

トレードオフの関係とは、「あちらを立てればこちらが立たず」の関係です。たとえば、商品単価を上げようとした場合、お客様が一回あたり買う数は少なくなり、高い商品を買えるお客様は少ないので顧客数が減ります。また、高い商品は安い商品に比べ購入頻度は落ちます。

買上点数を上げようとすれば、店頭やレジエンドなどに比較的買いやすい安価な商品を置くので商品単価は落ちますし、多く買ってもらえるお客様に焦点を置くので、顧客数はどうしても減ってしまいます。一度に多く買えば購入頻度も下がります。

顧客数を増やそうとすれば、安い商品の特売をしたりするので客単価は落ちますし、一品しか買わないお客様も呼ぼうとしますから買上点数も下がってしまいます。特売は観光客

売上高 ＝ 客単価 ＝ 客数

＝ (買上平均)商品単価 × (平均)買上点数 × 顧客数 × 購入頻度又は購入率

図11　四つのエンジン

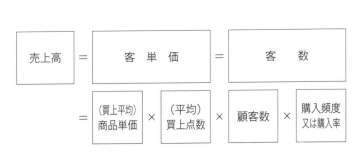

など次にいつ来ていただけるかわからないお客様も得ようとするので購入頻度も下がってしまいます。

購入頻度を上げようと思えば、来店動機用に特売商品を用意し平均単価が下がったり、毎日来てもらうために一回の買い物量が減ってしまって買上点数が下がったり、毎日でも来ることができる近所のお客様を優遇することになるので、自ずと顧客数は限定されてしまいます。

一対一のトレードオフでさえ厳しいのに、これでは一対三のトレードオフです。これが販売促進の難しさであり、一生懸命販売促進しても効果が上がらないため「何をやっても無駄だ」と思ってしまう原因です。

ではどうすればいいのか。それは「販売促進をこの四つの項目に集中させ、一つではなく複数の販売促進を連続で行い続ける」ことです。それしか方法はありません。売上を上げるためには、一進一退を繰り返しながら、もがきながら、失敗しながらも、基本的には、この「商品単価を上げる」「買上点数を上げる」「顧客数を上げる」「購買頻度、または購買率を上

げる」の四つのエンジンを回し続けるための努力を続けていかなければなりません。(図12)

なかには安売り店や会員限定など、四つのエンジンを回していないように見えるものもあります。それらのビジネスモデルは四つのエンジンのうちの一つを最初から捨ててしまい、残りのエンジンをフル活用しているモデルです。

たとえば「安く売る」と決めたモデルは四つしかないエンジンの一つ(商品単価を上げる)を最初から消し、三つのエンジンで勝負をかけています。間違いではありませんが、残りの三つのエンジンを最大活用できなければ成功しません。同じように、一品で勝負しているラーメン屋さんは、比較的高めの商品をとても多くのお客様に何度も来てもらえるようなビジネスモデルを有しています。会員制の旅館は、往々にして高級であり、お歳暮商品の販売などさまざまな事業を持ち、年間クーポン券など会員が頻繁に使うような「しくみ」を持ちます。住宅販売メーカーなどお客様の購入頻度が少ない業種では、当然高価な商品が多いです

売上を上げる

- ■商品単価を上げる
- ■買い上げ点数を上げる
- ■顧客数を上げる(増やす)
- ■購買頻度を上げる

図12

し、メンテナンスなど住宅を購入したお客様がさらに利用・購入できる商品数を増やし、いつでも新規顧客を探し続けています。

現代経営において「これをやれば確実に売上が上がる」という販売促進は存在しません。仮説・検証・ノウハウ化を繰り返しながら最適戦略を複数組み合わせながら考えていくしかありません。どの経営者も苦しみながら努力し続けているのです。

お客さんの購買コストを減らす

「コスト」というと、販売側の費用のことだと思われがちですが、お客様が商品やサービスを買うこと自体が、購買コストというコストを払っていると考えられます。したがって、お客様の購買コストを下げることで販売を促進することができます。お客様の購買コストを削減することは、購買意欲を大きく向上させる直接的な要因となります。

購買コスト低減の代表格は金銭コストの削減、すなわち値下げや値引きですが、値引きに応じることができない、したくない場合もあります。とはいえ、購買コストを下げる方法は何も販売価格を下げるだけではありません。お客様の購買コストは次の四つ。金銭コストの他に、時間、労力（手間）、心理です。（図13）

この四つのコストから見ていくと、ある男性がのどの渇きをおぼえて、たまたま通りかかったコンビニで清涼飲料水を買った時の購買コストは、その販売価格である一三〇円（金銭コスト）と考えることができます。一方で、同じ清涼飲料水を買うにしても、若い女性が、夜に求めるとすれば、「面倒だ」とか、「夜道が怖い」といった心理的負担（心理コスト）や、部屋着から外着に着替え、コンビニまで歩いていく負担（労働コスト）、そして、それにかかる時間（時間コスト）、防犯のためにあらかじめ痴漢撃退スプレーを買っていたコストなど購買コストが多くかかってしまいます。前者の男性に、その清涼飲料水を買う行動を代行し、二〇円多い一五〇円（金銭的コスト）を請求したとしても、おそらく断られますが、後者の女性に同じ提案をした場合は、もしかしたら女性はそのサービスを使うかも知れません。

お客様の購買コスト

①金銭コスト
②時間コスト
③労力（手間）コスト
④心理コスト

図13

　このように、購買コストは、金額的なものだけではありません。販売促進は値引きなどの金銭コストを下げることが一番効果的であることは否めませんが、それができない時は、お客様の時間コストを削減するためにクイックレスポンスをしたり、配達などをすることで、お客様の時間コストだけでなく労働コスト（手間）を低減することができます。また、配達状況を表示することで、「届かないのではないか」という不安（心理コスト）をなくすなどトータルコストを下げることで、お客様の販売意欲を刺激するといいでしょう。

カスタマージャーニーを活用する

　カスタマージャーニーとは、お客様が購入に至るプロセスです。お客様の購入に至る心理的な動きを時系列に可視化し、それぞれの段階において販売促進をすることを考えます。

　代表的なのはAIDMAと呼ばれるもので、「Attention（気づく）」「Interest（興味を持つ）」「Desire（欲しくなる）」「Memory（覚えている）」「Action（購入する）」の頭文字をとったものです。

学生時代の私は、「そんなことを考えて商売できるか!」とかなり否定的でした。当時は、お客様と顔の見える関係を創り出すビジネスモデルがほとんどだったので、こんなことを考えなくても販売促進ができたのかと思います。また、当時の通信販売にしても、お客様とのコンタクトを多くとり、販売側とお客さまとの関係作りが主眼でした。今でも、それは変わらないのですが、インターネットの登場により、顔の見えないお客様と、短期間で販売を成立させることもできるようになりましたので、カスタマージャーニーが、がぜん注目されてきました。

たとえば、インターネット販売を強化したいとき、まずは、ホームページを見てもらわなければなりません。もっと「気づいて」もらうためには、SEO対策をしなければならないとか、個別商品以前に、このような商品が世の中にあることを知ってもらうことを考えます。

次に「興味」を持つための方法です。たとえば、ホームページに来てくれた人は、興味がなければ数秒で他のページに行ってしまいますので、アイキャッチを強化したり、一瞬で興味を持ってくれるキャッチフレーズを入れたりします。

次は「欲しくする」ためにどうすればいいか、です。ホームページの本文を充実させ、興味を持った人の気持ちを盛り上げていきます。そして「覚えていてもらう」方法は、その後のメールなどのフォローがあたります。

最後に「購入してもらう」ための一押しを考えます。キャンペーンなどを設定し、購入するタイミングを作ります。

このように、見える化したカスタマージャーに対して、販売促進行動を考え、結果的に購入を促進する販売方法が、インターネットが普及した現代では有効なのではないでしょうか。

8 どうやって武装する？
——有形資産から考えるアイデア

設備等を評価する

有形資産は、設備、土地、建物、車、現預金、在庫など、目に見える資産です。重要なのは、現預金も有形資産に含まれるということです。まずは現状分析の時に書き出した資産を評価しましょう。とくに重要なのは、「設備」と「在庫」です。

「設備」に関しては減価償却費を意識しながら、簿価（帳簿上の価値）を参考にするといいでしょう。減価償却費は、毎年の資産評価減です。費用ですので、一般的には低い方がいいと考えられますが、あまりに低いと、設備が古く商品の品質や生産効率、エネルギー効率等が悪いのではないかと心配され、未来への期待度が低い状態と言うこともできます。もちろん必要のない設備投資をすることは問題ありますが、減価償却費があまりにも小さい時には、設備投資を検討するシグナルかもしれません。

「在庫」は、現金が変化しているものなので、少なければ少ないほど効率が良いとされています。しかし、在庫として置いておくと破損リスクの他、流行が終わり販売できないものになってしまうリスクも生じます。しかし、在庫が不足してしまえばチャンスロスをおこしてしまい、思ったように売上が伸びません。販売効率を上げるためにも、適切な在庫を検討することが重要です。

どのくらい現金を持つのかを検討する

「現預金」は、基本的に他の有形資産とトレードオフの関係にあります。したがって、「この設備を導入したいが現金がない」とか、「在庫を多めにとってしまったので、現金が不足している」、「現金は増やしたいが、借入は増やしたくない」というのは当たり前のことで、問題は、「現預金」と「有形資産」のバランスをとりながら、何をどのくらい持つのか、ということです。

事業は現金がショートした時に終わりますから、どのくらい現預金を持てばいいのかは非常に大きな課題です。多すぎれば効率が悪いですし、借入をしていれば利息などの費用も負担になります。しかし、少なければ、資金繰りに多くの時間や労力を割かれてしまいますし、何よりもその事を考えなければならない心理コストが大きくなります。新規の事業計画においては、将来現金がどのくらい必要となるのか、どのくらいまでかけてもいいのか、ということを「予算」という言葉を使って表すといいでしょう。

設備投資の四つのポイント

「有形資産」は、設備投資計画について考えていきます。設備は、生産量や生産効率だけでなく、イニシャルコスト（事業開始時にかかるコスト）や運転コスト、人件費などの設備に替わるコストである代替コストや、資金繰りにも大きく関与してくるので、慎重に検討することが必要です。

設備投資のポイントは四つです。

一つ目は、予算組みの際、運転資金ではなく、なるべく設備投資の方に組み入れることです。一般的に、設備（投資）資金は運転資金に比べ、借入決定自体も額面も金利も優位に調達できますので、設備投資になるものはもれなく予算組みしていきましょう。また、その際には、なるべく具体的な設備明細ができていると有利です。

二つ目は、減価償却費に着目することです。設備投資借入期間を減価償却期間より長くすることで、仮に当期純利益が思うように出なかったとしても、減価償却費のみで返済していけます。減価償却費は返済の原資の一部ということを意識して下さい。

三つ目は、設備投資により、どのような効果が出るのかを明確にすることです。もう古いからそろそろ換え時と考えるのではなく、設備を新たにすることで、どのような効果（生産効率、コスト削減、マーケティング上の効果等）が期待できるのかを明確にしておきます。

四つ目は、投資時期にこだわることです。設備投資において投資時期はとくに重要です。あまり早いと、生産稼働していない時期が長くなり、その間、コストだけがかかってしまいます。逆に遅ければ生産ができない、生産効率が悪い期間が長くなるなどのデメリットが生じます。設備投資は金額とともに時期も重要です。

中小企業や小規模企業の有形資産は、大企業と競争になりません。そもそも、大企業、中小企業、小規模企業は、資本金と従業員数で定義されています。つまり、中小企業や小規模企業は、「大企業に比べ有形資産を持っていない会社」ということです。したがって、「もう少しカネがあれば…」「高性能の機械があれば…」「良い立地に店舗があれば…」と考えるのは意味のないことです。では、中小企業や小規模企業はどのように戦えばいいのでしょうか。そのヒントが、無形資産とヒトにあります。

9 どうやって使えるようにする？
――無形資産から考えるアイデア

無形資産で勝負するようにする

「カネがないなら知恵を使え」と言いますが、カネは有形資産、知恵は無形資産ですので、言い換えると「有形資産がないなら無形資産を使え」ということになります。

中小企業や小規模企業ほど、無形資産で勝負しなければなりません。「無形資産も資産だから、大企業よりも中小企業や小規模企業は乏しいのではないか」と思うかもしれませんが、無形資産は有形資産にない大きな特徴があります。

それは「目に見えないこと」です。たとえば、機械のように、目に見えていれば、多くの人が「使わなければもったいない」と思うことでしょう。しかし、無形資産のネットワークのように目に見えなければ、つねに意識できず、有効活用されていないことが多いのです。

大きなネットワークを持っていても、職員がそれを意識していないので使いきれていないなら、中小企業や小規模企業のネットワークはたしかに小さいけど、意識して使いこなせば、競争になる（勝てる）という理屈が成り立ちます。

無形資産を見える化する

無形資産を有効活用するためには、紙に書き出すなどして「見える化」する必要があります。今一度立ち止まって、自分たちにはどのような無形資産があるのか、信用（ブランド）、ネットワーク、ノウハウ、知恵、雰囲気などなどを一つ一つ書き出し検討します。それを有効活用して次の一手を打てるようにすれば活路が見い出せるでしょう。

私は、コンサルティングの現場などにおいて、どうしてもイノベーションのきっかけがつかめないときは、無形資産を集めるようにしています。社歴や業歴を聞けば、地域にどのくらいの信用があり、どんなネットワークがあるのかが想像できます。過去の仕事内容や成功した販売促進方法を聞けば、どんなノウハウがあるのかを掘り出すこともできます。社長の考えや趣味嗜好なども、無形資産として活用できることもあります。何気ない会話から、特許になった例さえあります。驚くことはありません。特許も無形資産ですから、ノウハウをまとめれば特許化することも可能です。

無形資産が蓄積していくビジネスを思い描く

ビジネスを運営したり事業性を判断するとき、儲かるかどうか、つまりカネだけを判断基準にしてはいけません。

カネは有形資産ですから目立つので、ついつい、「カネを得られるか」がビジネスの判断基準になりがちですが、「利益は出ないけど貴重な経験が積める」とか、「利益は出ないけど信用を得られる事業」など、カネ（利益）が思うように手に入らなくても、信用やネットワーク、経験や人材育成などが充実するのであれば、時には積極的に受けることも検討しましょう。

イノベーションマトリックスの左下項目（有形資産）が太らないのであれば、右下（無形資産）または、下段中央（ヒト）が太らないかを検討していくイメージです。イノベーションマトリックスの下段は、ビジネスを行う土台ですので、立派な土台をつくるには、左下（有形資産）でも右下（無形資産）でも、あるいは下段中央（ヒト）が強くなってもいいのです。

10　どう活用する？ ―ヒトから考えるアイデア

有形資産と無形資産を結び付け、事業の土台を真ん中から支えているのがヒトです。「事業はヒトなり」と言われるように、どんなに有効な有形資産や無形資産があっても、ヒトがなければ、事業は土台から崩れ落ちてしまい、立ち行かなくなります。

ジョブデザインを描く

人事戦略は、長期的視野と足元をしっかり捉えた地道な努力の双方が必要です。ヒトについて、最初に考えなくてはならないことは、企業としての人事の方向性、すなわち「あるべき姿」です。まずは、大まかで構いませんので、人事の全体像についてジョブデザインを描きましょう。

ジョブデザインは、「人事全般に関する明確なビジョン」です。つまり「どんな人材が欲しいのか」「どのような人材に育てるのか」「どのような組織にするのか」ということです。仕事や作業を分析し、どこにどのような人材が必要なのかを明確に考えておきます。

面接が、単に優秀な人材を選択する場になってしまっている企業が見受けられますが、これでは同じ人材を大手企業と奪いあうことになり、採用コストがかかりすぎてしまいます。良い人材に巡り合うには偶然性が高いのでリスクが大きすぎます。

このように先にヒトを決め、それから仕事を決める「ヒトに仕事を付けるやり方」は、限界があります。逆に「仕事にヒトを付けるやり方」、すなわち「自分たちの企業や事業にどんな業務があり、それを遂行するためにどんな人物が必要なのか」「何を期待される人間が不足しているのか」を考えていくことで、中小企業で必要とする人事戦略が描けます。「ヒトに仕事を付ける」のではなく、「仕事にヒトを付けること」が大切なのです。

採用の方針、育成の方針はとくに重要です。この時、注意しなくてはならないのは「人事は個人の能力や感情で行ってはならない」ということです。あらかじめ企業としての方向性を定めておかなければ、採用や育成担当者の個人的な思考や能力に委ねてしまうことになり、いつまでも偶然「良い人材」が入社し、運よく育つことを願うだけの確率の低いものになってしまいます。そうならないために、欲しい人材像や組織のあるべき姿を明確にすることが求められます。

組織図を作る

「組織図」はジョブデザインを具体的に見える化したものです。

重要なことは「指示命令系統の明確化」と「責任権限一致の法則」です。「指示命令系統の明確化」とは、誰が誰に指示・命令するのか、どのような経路で情報伝達するのか、ということです。「責任権限一致の法則」とは、責任を取るものにはそれ相応の権限を与える、逆に、それなりの権限を有する者にはそれ相応の責任も生じる、という考え方です。このバランスが崩れると責任感のない組織や業務遂行が思うように進まない組織になってしまいます。

組織図作成のポイントは、「人に仕事を付ける」のではなく、「仕事に人を付けること」です。まずは、現在ある業務を「組織図」として表してください。その際に、各役職の高さが責任と権限を表していますので、不適切な責任や権限を持つようなことにならないように気をつけてください。

次に、その「組織図」にヒトを当てはめていきます。とくに小さな組織においては、一人が数か所の役職を兼任し、いろいろなところに名前が出てきてしまうかもしれませんが、たとえば、組織が小さくても「組織図」を作成しておくことが大切です。

サービスエンカウンターを強化する

販売員や営業人員のように、組織の最前線でお客様と直接接する人を「サービスエンカウンター」と言います。「サービスエンカウンター」をとことん強化することが重要です。

理由は二つあります。

一つ目の理由は、お客様から見た売り手の印象を大きく左右するからです。お客様にとっては、何を買うかということよりも誰から買うかということを重視している人もいます。

サービスエンカウンターに少しでもマイナス評価があれば、仮に他の部分がよかったとしても全体のイメージ低下、そして売上低下につながってしまいます。顧客に不信感を抱かせる人がたった一人いるだけで、思ったような販売ができない例もありますので注意が必要です。サービスエンカウンターの存在がそのまま売上に直結するのです。

二つ目の理由は販売ノウハウの多くはサービスエンカウンターに蓄積されるからです。無形資産とヒトの能力の大きな違いは「組織として共有されているかどうか」ということです。販売ノウハウは組織で共有しようと努力しても、どうしてもサービスエンカウンター個人に蓄積されることが多くなります。熟練したサービスエンカウンターが退職するとノウハウごと失うこともあります。対策としてはサービスエンカウンターが辞めない組織や仕組みをつくること、サービスエンカウンターのノウハウを組織で共有し承継できる仕組みをつくることなどが考えられます。

第五章

事業計画書への展開と補助金獲得必勝法

1　補助金への活用

イノベーションマトリックスは、それだけでも事業計画書として使えますが、それをもとにして、事業計画書や補助金の申請書、金融機関への融資申請書などに応用できます。

補助金や融資の申請は、審査側に必ず審査項目と基準があります。審査項目にまんべんなく答え、バランス良く整合性の取れた事業計画を作成することが重要です。また、審査項目は施策の目的となっているので、審査を通すためだけでなく、事業を順調に推進するうえでも大事なことです。

イノベーションマトリックスを使い、ビジネスモデルの骨子をしっかりと創り上げ、それを基に申請書のカタチに落とすようにすれば、バランスの良い質の高い申請書が出来上がり、補助金の獲得率が上がったり、融資がスムーズに決済されたり、国の経営革新認定などが受けやすくなります。

2 ものづくり補助金の場合

ものづくり補助金は、設備投資によって中小企業の活性化を促進することを目的とした補助金です。したがって、まずどのような設備を買うのかが問題です。「その設備自体が優れているのか」「会社にとって投資効率が良いのか」等を考えることが重要です。しかし、それだけでは、ビジネスモデルとして成功するかどうか疑問です。

そこで、イノベーションマトリックスを使います。有形資産にアイデア（課題）を入れ、他のマスに展開、外部環境の四つの項目もあわせて考えていきます。（図14）

直接的課題（アイデア）

①有形資産「今回補助金を使う設備は優れているのか？　有効なのか？」

お客様・ターゲット	販売窓口・販路	販売方法・促進
⑤その商品は誰に売れるのか？だれをターゲットにしているのか？	⑥どこを通じて販売するのか？	⑦どのような販売方法を取るのか？
調達・生産	商品・サービス	課金モデル
③どんな生産方法をするのか？効率は上がるのか？	②どんな商品・サービスをするのか？それは競争優位性があるのか？	④その商品・サービスは今までよりも価値が高い（粗利益率が高い）のか？
有形資産	ヒト	無形資産
①どんな設備投資をするのか？ ・その設備は優れているのか？有効なのか？ ⑧必要な資金はどのように調達するのか？	⑨どんな人材がその設備を使うのか？どう育成するのか？	⑩そもそもあなたの会社はそれをする資格があるのか？

参考　外部環境

市場	競合	その他外部環境
⑪そのターゲットが属する市場の傾向は？	⑫その事業には競合が存在するのか？ パートナー ⑬その設備をどこから購入するのか？	⑭業界の業界ではどんなことが起きているのか？

図 14【有形資産から９＋４マスに展開して考える】

内部環境（イノベーションマトリックス各項目への展開）

②商品・サービス「どんな商品・サービスをするのか？　それは競争優位性があるのか？」

③調達・生産「どんな生産方法をするのか？　効率は上がるのか？」

④課金モデル「その商品・サービスは今までよりも価値が高い（粗利益率が高い）のか？」

⑤お客様「その商品は誰に売れるのか？　だれをターゲットにしているのか？」

⑥販売窓口「どこを通じて販売するのか？」

⑦販売促進「どのような販売方法を取るのか？」

⑧有形資産「必要な資金はどのように調達するのか？」

⑨ヒト「どんな人材がその設備を使うのか？　どう育成するのか？」

⑩無形資産「そもそもあなたの会社はそれをする資格があるのか？」

外部環境

⑪市場「そのターゲットが属する市場の傾向は？」

⑫競合「その事業には競合が存在するのか?」
⑬パートナー「その設備をどこから購入するのか?」
⑭その他外部環境「業界ではどんなことが起きているのか?」

ものづくり補助金において、機械の性能に固執してしまっている事例があります。もちろんそれも重要なのですが、それは機械メーカーの付加価値、差別化であって、申請者の付加価値、差別化ではありません。大事なことは、設備投資の結果、どのような商品・サービスを展開できるのかということです。イノベーションマトリックスを使うことで、単純な投資計画からビジネスモデルにビルドすることができ、採択の確率を大幅に上げることができます。

3　持続化補助金の場合

小規模事業者持続化補助金は、従業員五人以下（製造業等は二〇人以下）の小規模企業が販売促進に寄与する事業に使う補助金で、主に、販売促進（販売方法・促進）、または、販売窓口の充実（販売窓口・販路）、または五〇万円以下の設備（機材）の導入などに使えます。一番多いのが販売促進にかかわることなので、今回は補助金で新たなホームページを作ることを想定しましょう。次のように考えていきます。販売促進にアイデア（課題）が入って、他のマスに展開していくイメージで考えてください。（図15）

直接的課題（アイデア）

①販売促進「今回補助金を使って、どのような特徴のあるホームページを作成するのか？
それは売上を上げるのか？」

お客様・ターゲット	販売窓口・販路	販売方法・促進
⑤だれをターゲットにしているのか？	⑥どこでどのように販売するのか？ホームページでは販売するのか？	①どのような販売促進をするのか？ ・それは売上を上げるのか？ ⑦他にどのような販売促進と組み合わせるのか？
調達・生産	商品・サービス	課金モデル
③その商品は十分供給できるのか？	②どんな商品をホームページでPRするのか？それは付加価値、差別化があるのか？	④その商品・サービスは今までよりも価値が高い（粗利益率が高い）のか？
有形資産	ヒト	無形資産
・どんな設備があるのか？これから持つのか？ ・必要な資金はどのように調達するのか？	⑨どんな人材が中心となってその事業をするのか？どう育成するのか？	⑩そもそもあなたの会社はそれをする資格があるのか？

参考　外部環境

市場	競合	その他外部環境
⑪そのターゲットが属する市場傾向は？	⑫その事業には競合が存在するか？	⑭業界ではどんなことが起きているのか？
	パートナー	
	⑬ホーナムーページをどこに作ってもらうのか？	

図 15【販売促進から９＋４マスに展開して考える】

内部環境（イノベーションマトリックス各項目への展開）

②商品・サービス「どんな商品をホームページでPRするのか？　それは付加価値、差別化があるのか？」
③調達・生産「その商品は十分供給できるのか？」
④課金モデル「その商品・サービスは今までよりも価値が高い（粗利益率が高い）のか？」
⑤お客様「だれをターゲットにしているのか？」
⑥販売窓口「どこでどのように販売するのか？　ホームページでは販売するのか？」
⑦販売促進「他にどのような販売促進と組み合わせるのか？」
⑧有形資産「どんな設備があるのか？これから持つのか？　必要な資金はどのように調達するのか？」
⑨ヒト「どんな人材中心となってその事業をするのか？　どう育成するのか？」
⑩無形資産「そもそもあなたの会社はそれをする資格があるのか？」

外部環境

⑪市場「そのターゲットが属する市場の傾向は？」
⑫競合「その事業には競合が存在するのか？」
⑬パートナー「ホームページをどこに作ってもらうのか？」
⑭その他外部環境「業界ではどんなことが起きているのか？」

持続化補助金においては、現状分析における課題の抽出や販売促進活動の内容ばかりの申請書が目立ちます。もちろんそれも大事ですが、もっと重要なことは売上が上がることが期待できるのか、ということです。売上は客単価と客数の積ですので、販売促進だけでなく、客単価を上げるための商品選定や値付け、客数を上げるためのターゲット設定や販売窓口の強化など、すべての切り口から検討することで、説得力の増す事業計画書になり、採択の可能性が大幅に増します。

4 金融機関に融資申請する場合

続いて、金融機関に融資申請する場合を考えてみましょう。

融資審査はお金を貸し付けるので有形資産の課題です。使い道が重要ですが、「運転資金」と「設備投資」に分かれます。設備投資に関するイノベーションマトリックスの展開は、ものづくり補助金と似ていますので、今回は「運転資金」に関する融資申請を考えてみましょう。（図16）

直接的課題（アイデア）

①有形資産「いくら融資を希望しているのか？　それは何に使うのか？（↓運転資金）」

お客様・ターゲット	販売窓口・販路	販売方法・促進
・どんな固定客を持っているのか？ ・新規事業のターゲット（これから得るお客様）は誰か？	⑨どこで販売するのか？有利な販売窓口を持っているのか？	・どのように販売するのか？ ・どのくらいの客数が見込めるか？
調達・生産	商品・サービス	課金モデル
⑥仕入れは効率的（有利）か？	⑤どんな商品・サービスが中心なのか？それは競争優位性があるのか？	⑦中心となる商品・サービスは価値が高い（粗利益率が高い）のか？
有形資産	ヒト	無形資産
①いくら融資を希望しているのか？それは何に使うのか？（運転資金） ②どんな資産を持っているのか？現在地に現預金（流動資金）はどのくらいあるのか？	・経営者はどんな人物なのか？ ・他にどんな人材がいるのか？	・どれだけの信用（実績）があるか？ ・どんなノウハウ（技術）があるか？

参考　外部環境

市場	競合	その他外部環境
⑪既存客や新規ターゲットが属する市場の傾向は？	⑫その事業には競合が存在するか？存在したらそことの差別化要因は？	⑭業界の傾向は？（どんなことが起きているのか？）
	パートナー	
	⑬事業パートナーはそろっているか？（大丈夫か？）	

図 16【有形資産から9＋4マスに展開して考える】

内部環境（イノベーションマトリックス各項目への展開）

②有形資産「どんな資産を持っているのか？　現在他に現預金（流動資産）はどのくらいあるのか？」

③ヒト「経営者はどんな人物なのか？　他にどんな人材がいるのか？」

④無形資産「どれだけの信用（実績）があるか？　どんなノウハウ（技術）があるか？」

⑤商品・サービス「どんな商品・サービスが中心なのか？　それは競争優位性があるのか？」

⑥調達・生産「仕入れは効率的（有利）か？」

⑦課金モデル「中心となる商品・サービスは価値が高い（粗利益率が高い）のか？」

⑧お客様「どんな固定客を持っているのか？　新規事業のターゲット（これから得るお客様）は誰か？」

⑨販売窓口「どこで販売するのか？　有利な販売窓口を持っているのか？」

⑩販売促進「どのように販売するのか？　どのくらいの客数が見込めるか？」

外部環境

⑪市場「既存客や新規ターゲットが属する市場の傾向は？」
⑫競合「その事業には競合が存在するか？　存在したらそことの差別化要因は？」
⑬パートナー「事業パートナーはそろっているか？（大丈夫か？）」
⑭無形資産「業界の傾向は？（どんなことが起きているのか？）」

融資申請では、現預金を含む有形資産をどれだけ持っているのか（有形資産）、どのような経営者なのか（ヒト）、どのような実績や信用があるのか（無形資産）といった担保に関する項目も大事ですが、今後の事業においてどのくらいの売上や利益が得られるのかということが最大の関心事です。どのような商品（商品・サービス）を誰に（ターゲット）、どこで（販売窓口）、どのように（販売方法）、いくらで（課金モデル）売って、どのくらいの原価（調達・生産）と経費（有形資産、ヒト）がかかるから、どのくらいの利益が出るのか、また、その事業の将来性（無形資産、有形資産、ヒト）について説得力ある計画にすることで審査が通る可能性が大幅に上がります。

5 経営革新計画を考える場合

中小企業新事業活動促進法に基づく経営革新承認申請を県などに行う場合は、新たな取り組み（経営革新のネタ）として、新たな商品・サービス（商品・サービス）又は、新たな販売方法（販売方法・促進）を取り入れた計画を作成します。今回は、新たな商品サービスを中心にして考えます。（図17）

直接的課題（アイデア）

①商品・サービス「どんな商品・サービスを新たに行うのか？　その革新性は？　付加価値、差別化は？」

お客様・ターゲット	販売窓口・販路	販売方法・促進
④新たな商品・サービスのターゲットは誰か？	⑤どこで販売するか	⑥どのように販売するのか？ ・どのような販売促進をするのか？ ・どのくらい客数が見込めるか？
調達・生産	**商品・サービス**	**課金モデル**
②その商品はどうやって手に入れるのか？その効率は？どうやって製造するのか？その効率は？	①どんな商品・サービスを新たに行うのか？その革新性は？付加価値、差別化は？ ⑩他の商品との相性は？	③その商品・サービスは価値が高い（粗利益率が高い）のか？
有形資産	**ヒト**	**無形資産**
⑦どんな資産が必要なのか？ ・どのくらい資金が必要なのか？ ・現在資産はどのくらいあるのか？	⑧推進体制は？ ・経営者はどんな人物なのか？ ・他にどんな人材がいるのか？ ・これからどんな人材を採用、教育するのか？	⑨どんな無形資産を有しているのか？これから得ていくのか？

参考　外部環境

市場	競合	その他外部環境
⑪新規ターゲットが属する市場傾向は？	⑫その事業には競合が存在するか？存在したらそことの差別化要因は？ **パートナー** ⑬事業パートナーはそろっているか？	⑭外部環境ではどんなことが起こっているのか？ ・業界の傾向は？

図 17【商品・サービスから９＋４マスに展開して考える】

内部環境（イノベーションマトリックス各項目への展開）

②調達・生産「その商品はどうやって手に入れるのか？ その効率は？ どうやって製造するのか？ その効率は？」
③課金モデル「その商品・サービスは価値が高い（粗利益率が高い）のか？」
④お客様「新たな商品・サービスのターゲットは誰か？」
⑤販売窓口「どこで販売するのか？」
⑥販売促進「どのように販売するのか？ どのような販売促進をするのか？ どのくらいの客数が見込めるか？」
⑦有形資産「どんな資産が必要なのか？ どのくらい資金が必要なのか？ 現在資産はどのくらいあるのか？」
⑧ヒト「推進体制は？ 経営者はどんな人物なのか？ 他にどんな人材がいるのか？ これからどんな人材を採用、教育するのか？」
⑨無形資産「どんな無形資産を有しているか？ これから得ていくのか？」

⑩商品・サービス「他の商品との相性は？」

外部環境

⑪市場「新規ターゲットが属する市場の傾向は？」
⑫競合「その事業には競合が存在するか？　存在したらそことの差別化要因は？」
⑬パートナー「事業パートナーはそろっているか？」
⑭無形資産「外部環境ではどんなことが起こっているのか？　業界の傾向は？」

経営革新において重要なことは、付加価値額が上がることです。付加価値額は営業利益と人件費（ヒト）、減価償却費（有形資産）の合計です。営業利益は売上から売上原価と費用を引いたものですので、どのように売上が上がるのか（商品、課金モデル、ターゲット、チャネル、販売方法）、どれだけ原価がかかるのか（調達・生産）、どれだけ費用が掛かるのか（ヒト、有形資産、無形資産）を理論的に考える必要があります。また、外部環境を考えることで、その戦略が成功すると説得する材料になります。

このようにイノベーションマトリックス全体から考えることで、成功の確率が高いと自分自身も外部の評価者も納得できる事業計画書になります。

いかがでしょうか？

イノベーションマトリックスを用いてシンプルに考えることで骨太のビジネスモデルができてきます。イノベーションマトリックスを活用することで目標達成に大幅に近づきます。

おわりに

私は、学生時代、経営学の講義で、さまざまなフレームワークを学びました。世界的な評価を受けているフレームワークのほとんどが、私には当たり前のものに見え、海外から入ってきたフレームワークを環境の違う日本で使うのには抵抗を感じました。また、それらのフレームワークは、大企業のもので中小企業には当てはまらないようにも思えました。今思うと、それは単純に私の理解度が低かったのが原因ですし、現代においては、スタンダードになったすばらしい理論なのですが、当時学生だった私は、それが分からず、中小企業大国の日本人として、オリジナルの経営理論を出さなければならないとやきもきしていたものです。

私は中小企業の後継者であり、経営者でもあったので、まさか自分が、経営のフレームワークを考える立場になるとは思いもよらなかったのですが、中小企業や小規模企業を支援することになってから、縁あって中小企業大国である日本初の中小企業経営モデルを世に出すことができました。

私はビジネスプラン作成のモデルを中心に、今まで複数のフレームワークを作ってきました。なかには、今考えても素晴らしいデキのものもあります。しかし、広めたくてもメディアに露出する機会もない私が、それを広める手段は、コツコツ事例を増やし、草の根活動において広めていくことしかできませんでした。また、コンサルティング業界は、それぞれの会社がそれぞれの理論やフレームワークを作成し、それぞれが「わが社のが一番いい」といった具合に展開しています。しかも、それぞれ他社を研究しあい、理論的な対立軸がないにもかかわらず、言葉上の表現だけを言い争って足のひっぱり合いをしていることもあるくらいです。

そのような中で、自分のフレームワークを広めるにはどうしたらいいか考えていたあるとき、私は、元特許庁の審査官で、当時大学教授をしていた伊藤哲夫先生と出会い、特許の考え方や活用の仕方を教えてもらう機会に恵まれました。私の知る限り、経営学のフレームワークで特許を取得したものはありません。当時の私は、「考え方自体は特許にならない」と教わっていましたから、特許を取得するという発想自体がなかったのです。しかし、考え方をフレームワークとして見える化することで特許申請ができることを知り、紆余曲折を経て、特許取得にまで至ることができました。

私が特許を取得した理由は、二つあります。一つ目は、この考え方がオリジナルで、また、ある程度の効果が見込めるということを証明したかったことです。

そして二つ目は、オリジナルの考えを崩すことなく、なるべく、良い状態で多くの方に使ってもらいたかったからです。新たな理論が世に出ると、その理論に独自の考えを加える者が出てきてしまいます。それによって、発展することもありますが、時には退化してしまいます。しっかりと勉強、研究して、アレンジを加えるのであればいいのですが、思いつきで変えてしまったために、かえって悪化してしまっている例もあります。そうならないために、オリジナルが特許として権利化されていれば、悪いものの使用を規制（牽制）することができると考えました。

このような考えから特許を取得したので、読者の皆様には、心おきなくイノベーションマトリックスを使っていただきたいと考えています。また、発展させるために議論すべき事例や新たなアイデアなどがあれば、ぜひ、連絡をいただければと思います。

フレームワークは道具です。道具は使ってこそ、本来の輝きを放ちます。ぜひ、イノベーションマトリックスを使って、中小企業大国日本の経済を発展させようではありませんか。

折原　浩

折原　浩（おりはら　ひろし）

小学生のころから、野菜市場創業者の祖父より、経営哲学を学ぶ。

学生時代に最初の創業を果たし、企業経営を始める。世界72か国をバックパッカーとして訪問した一方でその後、家業の卸売業、小売業の経営を経て、平成14年に中小企業専門コンサルティング会社、株式会社ディセンターを創業、現在代表取締役。

学生起業家のころ、私には経営の経験がなかったことから、「経験がないなら経営学を学ぶしかない」と考え、経営学を勉強するうちに、その面白さに魅了された。

現在、年間120日以上のセミナーを行い、中小企業に向け、現場で使える実践経営学の有効性、楽しさを伝えている。

株式会社ディセンターをはじめ、実際に数社を経営しながら、それをまとめた経営メソッドは、わかりやすく実践的だと好評を得ている。

「経営学のドラえもん」として、困っている経営者に、いつでも経営学の道具を提供できるようになることを目標としている。（最近体形も似てきているが…）

現在、有名補助金の全国審査委員長など、公的な要職も多数就任。

儲かる仕組みを創りだす
イノベーションマトリックス活用法

2020年7月1日　第1版　第1刷発行

著　者　折原　浩
ホームページ　http://www.decenter-jp.com/

発行者　尾中隆夫

発行所　全国共同出版株式会社
〒160-0011 東京都新宿区若葉1-10-32
TEL. 03-3359-4811　FAX. 03-3358-6174

印刷・製本　株式会社アレックス